QIYE CHENGZHANGLI SHUJIA
企业成长力书架

玩的就是自媒体

崔小屹 / 著

中国财政经济出版社

图书在版编目（CIP）数据

玩的就是自媒体 / 崔小屹著 . —北京：中国财政经济出版社，2016. 2
（企业成长力书架）
ISBN 978 - 7 - 5095 - 6462 - 2

Ⅰ. ①玩… Ⅱ. ①崔… Ⅲ. ①网络营销 - 研究 Ⅳ. ①F713. 36

中国版本图书馆 CIP 数据核字（2015）第 256162 号

责任编辑：郭爱春　　责任校对：杨瑞琦
责任印制：刘春年　　版式设计：丁丁图文

中国财政经济出版社出版
URL：http：//www. cfeph. cn
E - mail：cfeph@cfeph. cn

社址：北京市海淀区阜成路甲 28 号　邮政编码：100142
营销中心电话：010 - 88190406　北京财经书店电话：010 - 64033436
北京时捷印刷有限公司印刷　各地新华书店经销
787 × 1092 毫米　16 开　15. 5 印张　202 000 字
2016 年 2 月第 1 版　2016 年10月北京第 2 次印刷
定价：42. 00 元
ISBN 978 - 7 - 5095 - 6462 - 2/F · 5205
（图书出现印装问题，本社负责调换）
本社质量投诉电话：010 - 88190744
反盗版举报热线：88190492　88190446

QIYECHENGZHANGLISHUJIA

企业成长力书架

编委会

前言

PREFACE

自媒体意味着，一种新的媒介形态，一种新的传播平台，一种新的发展格局。

无论是企业还是个人，想要在自媒体的丛林里，踏上品牌之旅，走出风格，走出个性，走出坚强的自我，在用户心中占据一席之地，必然要对自媒体传播进行更深入的思考，同时以开放的态度，接近用户、了解用户。

一个优秀的自媒体品牌，需要一位优秀的玩家，即自媒体的运营官。

自媒体运营官作为一个新兴的职业，备受推崇，然而这也是一个具有挑战性的工作。单位要求用 100 万元的推广预算，实现 2 000 万的点击量、50 万的粉丝群和 10% 的转化率。这就是自媒体运营官的工作——通过自媒体，用最少的预算换取最优效果的宣传。

一位优秀的自媒体运营官，是自媒体的大玩家，玩是一种态度，会玩，玩得起来，可以玩突破、玩新鲜、玩创意。玩的背后，是一种智慧，是一种冷静和清醒，是一种对自媒体通透的观察和理解，对所处的行业领域有着深刻的观察，具有自己的策略和谋略，知道如何在自媒体的丛林中找到自己独特的位置，为自己建立一种优势。

要想成为一名优秀的自媒体运营官，就必然要有一套自媒体运营逻辑。

本书将告诉你，作为自媒体运营官，想要在自媒体的平台上释放品牌的价值、引爆营销的能量，你应该有着什么样的制胜逻辑。

本书将告诉你，如何在自媒体平台上唱一出好戏，如何唱，唱给谁听，唱的内容是什么，如何才能唱得更为精彩。包括，你如何定位自己的自媒体，如何找到最有价值的用户，用什么样的内容、什么样的传播手段、什么样的营销方式，挖掘自媒体营销的价值，赢得用户，赢得品牌。

本书还将告诉你，作为一名优秀的自媒体运营官，该如何进行自我修炼，如何运用跨界、沟通、执行，把自媒体品牌建设这张设计图，变成一种可见、可感、可实现的实体。同时，又该如何丰富自己，刷新传统，拆解旧思维，在自己的头脑中注入新思想，将自己变成一种水的形态，流入自媒体领域，成为一股没有拘束的前进力量。

当入场的机会已经到来，自媒体的世界已经打开，营销的钥匙放在你的手中，自媒体运营官，你该怎么做?!

编者

2015 年 9 月

目录

CONTENTS

Chapter 2　开启自媒体，实现全媒体营销

Chapter 3 人人都在说，说给谁听?

Chapter 1

自媒体时代，企业怎么“破”？

“自媒体”，在移动互联网时代爆发出自己强大的力量。在人人都是媒体人的时代，企业也被推到了时代的风口浪尖上，如何在自媒体时代找到自己的立足点，让自媒体为我所用，这是所有企业都需要思考的问题。

玩的就是**自媒体**

案例导入

2014 年 9 月 24 日，麦当劳携手百度地图推出“樱花甜筒跑酷 0 元抢”的活动，一时间嗨翻了不少人。

用户只要用手机在百度地图的初始界面上找到麦当劳樱花甜筒的标志，轻轻一点即可进入麦当劳“樱花甜筒跑酷 0 元抢”的活动中。这个时候，百度地图会提供给用户距离其最近的麦当劳甜筒店，然后依据距离匹配时间。用户需要在百度地图规定的时间内到达麦当劳门口，就可以免费得到一个可爱的樱花甜筒。

在“十一”假期期间，麦当劳的“樱花甜筒跑酷 0 元抢”活动的访问量超过 2 000 万，有 50 万次的分享，是新浪微博网上讨论的热门话题。

甜筒好吃又免费，爽死了，那我们是不是要感谢一下麦当劳和百度呢？不用了，因为两个商家通过这个活动各自收获了商业利益，已经赚足了。

2014 年，“薛蟠烤串”火遍了微信朋友圈。它之所以火，并不是它提供的食品独特，而是它的“带上胖子，免费撸串！”的活动要求，只要你有满足条件的胖子朋友，带上他就可以免费用餐。一时间，朋友圈传得沸沸扬扬，胖子朋友成了“抢手货”。

互联网思维的精准解读

人人都提互联网思维，不提，感觉太 out、太 low 了！对于企业来说，要过自媒体这一关，还要从互联网思维开始。

谈到自媒体，人人都会羡慕小米公司，小米公司的自媒体做得太好了，不用到电视台打广告，雷军的一举一动都会让大家关注，各大媒体争相报道。

2015 年 3 月 6 日，全国人大代表雷军说："我说小米的目标是十年时间成为手机市场份额第一，为什么呢？因为可能苹果根本就不追求市场份额第一。但是我们作为互联网公司，我们最在乎的其实就是用户量，所以我们的目标不是像他们一样，一个季度要挣 180 亿美金的利润，我们的目标是在十年时间里成为市场份额第一的互联网手机公司。"

请注意雷军的措辞，"我们作为互联网公司"，这句话意味着在雷军的眼里，苹果都不是互联网公司，而小米公司是。

2015 年 4 月 1 日，很多媒体报道小米公司发布了最新的两款产品，"小米体重计"和"小米插座"。很多人都以为这是愚人节的玩笑，因为小米之前因为产品线过长而广为诟病，很多人认为小米手机、电视机、路由器等产品过多，导致小米公司，东一榔头西一棒槌，而这些产品完全没有关联性。但是 2015 年 4 月 2 日，当打开小米官网的时候，小米体重计和小米插座赫然出现在醒目的位置，人们不得不接受，小米真的又开拓了业务领域。

苹果公司的产品跨度也是巨大的，从个人电脑起家，到 1998 年推出

ipod，进入小家电领域，然后2007年进入手机领域，2009年推出ipad，2015年推出iwatch，其高端手表达12万元一块，严重冲击了瑞士的高端手表领域。

小米和苹果都在进行跨领域的扩张，很多企业管理者和学者都无法理解：我们的企业为什么就不能如此转型扩张？海尔已经做到了家电行业的老大，但是改行做手机效果并不好，做PC也没有结果；华为从通讯连接设备转行做手机，虽然销量不低，但是市场地位距离苹果和小米还有很大差距；比较新锐的联想，做到了全球PC老大，但是做手机也有较大的差距。为什么苹果、小米可以跨度很大，苹果的PC、ipod、iphone、iwatch之间有没有关联性呢？

当然有，苹果和小米纷繁的产品背后的关联性是“客户体验”。

极致的客户体验是互联网思维的核心。

1.“产品与服务的极致”+“社会化媒体营销”

在开场的麦当劳携手百度地图推出的“樱花甜筒跑酷0元抢”的活动中，“好吃又免费”的产品与服务的极致体验是使这项活动受到广大用户追捧的根本原因。

“产品与服务的极致体验”+“社会化媒体营销”是互联网思维最重要的因素。自媒体营销要想获得成功，必须满足这两个因素。

下面是一个依靠互联网思维玩转自媒体营销的案例。

阿卡（Artka）是淘宝上一个非常火的原创复古女装品牌。2012年11月，Artka把战场转移到微信上。在微信上推送淘宝店内的促销活动，融入品牌故事、展示设计师的产品、做市场推广，等等。

为了牢牢抓住文艺粉丝的心，Artka会在微信公众账号上推送唯美的图片和文字。如以“生为行走，遇见另一个世界”为主题，发布设计师旅游的设计图集和心情文字；在“我们都是梦想家”的主题中介绍公司的办公环境；而在“你，是我内心的女子”的主题中，则主要分析女人的不同类型。只要用户回复，就可以获得针对自己类型定制的服装。

Artka微信上的图文非常走心，让不少粉丝觉得它不仅是在做服装，更是在体现一种生活态度。Artka符合众多文艺女青年的特质和生活状态，提供的服装也深得她们的欢心，引得大批粉丝在其公众账号上留言。

无论是麦当劳、西门子那种世界500强企业，还是Artka这样的私营企业，在互联网时代，运用互联网思维做产品、做服务才是制胜王道。

互联网思维最早是在2011年由李宏彦提出的。他当时只是偶然一提，众人也只是偶然一听，在两个偶然之下互联网思维并没有引起人们的重视。

如果说在2011年谈起互联网思维，没有几个人知道它是什么的话，那么2014年，再提互联网思维，似乎就有些太“low”了。现在，当你还认为互联网思维是“小荷才露尖尖角”的时候，殊不知它“早有蜻蜓立上头”了。

互联网思维不是现在大红大紫的电子商务，也不是社会化的营销手段，而是一种思维方式，是在充斥着互联网、大数据、云计算之下，颠覆了以往对市场、用户、产品、企业价值链，甚至整个商业生态的重新思考。

互联网思维讲求用户思维，把产品和服务做到极致不是企业力争要做的事情，而是不得不做的事情。在讲究用户至上、体验至上的用户主权时代，消费者成为消费活动的主动者，掌握着企业的生杀大权。互联网思维之下催促着企业要找到用户的痛点，用产品和服务打动他们。

如果企业只是将产品和服务做到极致，这并不能吸引大批用户，因为在服务和产品同质化的今天，所有的企业都在致力于为用户打造极致的产品和服务。互联网思维是讲究社会化的媒体营销，也就是企业利用微博、微信、论坛、社交等网络平台进行营销。可以说，社会化媒体是现在企业口碑营销的主战场。站在用户的角度，以用户喜欢的方式与用户沟通，让用户主动地参与到企业的品牌宣传中，这才是营销最佳的手段。

社会化媒体营销是一个平台整合的过程。单论开场案例麦当劳和百度地图的结合来说，这个设计非常精心，也很科学。一般情况下，商家或企业与百度地图合作做推广是要向百度地图付费的，但是，在这个活动中，由于麦当劳提供了免费的甜筒，无形中也帮百度地图做了推广，所以百度地图很乐意免费为麦当劳提供这个机会。同理，百度推广自己的地图也是要花钱的，但是因为麦当劳的这次免费活动吸引了大量用户，百度就等于没有花一分钱却做了一次很好的推广活动。

所以，不要再纠结于做一次推广的费用，你需要做的是为客户提供极致的产品和服务，促使他们主动在社会化媒体上为你推广！

2. 互联网思维的核心：好玩！神奇！

【案例一】

锤子手机于 2014 年一经推出就广受关注，5 月 21 日接受预订，5 月 23 日的预订量就达到了 5 万台。

关于这款定价分别为 3 000 元和 3 150 元的手机，用户一直褒贬不一。有用户认为，这款毫无特色与亮点的手机是一个笑话。尽管如此，仍旧没有人阻挡它 5 万台的预订量。

谁会为锤子手机买单，当然是锤子手机的发布者——罗永浩的粉丝。

罗永浩的粉丝是为老罗多少年来的单口相声给大家带来的快乐而买单的。

作为新东方的英语辅导老师，又凭借着一种偏执的工匠情怀和高度的理想主义气质，老罗获得了全国成千上万粉丝的拥戴。而一直以来以单口相声为粉丝所关注的罗永浩突发奇想做起了手机。从3年前他声称开始做锤子手机开始，不少人的第一反应都是“嘿！这有意思！”更有人觉得有意思、有故事的手机就是“好手机”，带着这种心理关注，然后预订购买。罗永浩正是抓住了粉丝的这种心理，以手机“有意思”的命名入手，以业余的娱乐演员入手，把粉丝套在其中，自然成全了手机的销量。

【案例二】

“有料”是厦门的一家寿司店，50平方米的小店仅开张数月就成了当地的“明星店”，客户对“有料”简直是众星捧月。“有料”之所以能够备受欢迎，关键在于其将美食与好玩结合了起来，从而调动了众多80后、90后的“玩心”，形成了一个高活跃度的社群。

在互联网上，掌柜“肥虫”从来不主动诱导客户转发微信、微博，而是用交朋友的方式和客户交流。每天晚上11点半，“肥虫”会像楼长一样“查房”，“逼迫”大家准时睡觉，形成了一个欢乐的线上朋友圈。后来，从线上又发展到了线下，朋友圈中的人自发组织一些“自带酒水”的聚会，在“有料”里举行，所以店中经常是宾客盈门。

“有料”的装潢天马行空，柜台上摆满了各式公仔充当号牌，菜品“对仔入座”。店中的美食不但注重味道更注重卖相，其名字也是不拘一格。其中的“榴莲忘返”搭配“芒果之恋”，保持了长期的高人气。

后来，“有料”甚至还卖起了定制手机壳。从寿司到手机壳的思维跳跃，不得不让人啧啧称奇了。

无论是老罗的锤子手机，还是“薛蟠烤串”餐厅的胖子撸串，从中我们都可以发现，互联网时代，只要你把粉丝逗乐，让粉丝感到有意思，好玩，他们就会为你买单。

互联网时代，什么最让商家头疼？不是寻找顾客，而是留住顾客。回头客在这个五光十色的市场中几乎成了商家的奢望，自己费尽千辛万苦，客户却被其他创意轻易地“勾引”走了。而“薛蟠烤串”说明了，不是客户留不住，而是你还不够好玩，不够神奇！

互联网思维，就是要打破常规，敢想敢做。不要去想着“我不能那么做”，而是要想“我为什么不这么做呢？”不展示出前所未有的“稀罕货”，怎么能在这个信息爆炸的时代让变得“全知全能”的客户感到好玩和神奇呢？

互联网是个产生奇迹的平台，它让很多普通人具备了前所未有的创造力和传播力，也让企业运营思想和方式产生了剧变。商家和企业运用互联网思维的核心是让用户感知到“趣味”，无论多好玩、多神奇，用户能够明确感知才是有效的，否则只是白白流失成本。所以，趣味不在多，而在精，做到让人心痒难耐、跃跃欲试，就是成功。

3. 创新的核心：快乐！

互联网思维和工具的出现，给众多商家提供了营销创新的灵感及手段，但如果只是把旧式营销的模式搬到互联网平台，那无疑是不符合新时代精神的，也不用指望能取得多大的轰动效应。互联网思维下的营销创新，关键就两个字——快乐！

2011年的最后一天，微信与百事可乐共同在广州举办了一场“点亮广州塔”的活动。活动的参与方式很简单，在新年倒计时时，广州市内的任何一名微信用户只要使用微信“摇一摇”功能，并回复“祝你‘百事可乐’”，即可成为“点灯者”。随着参与人数的增加，广州塔将被一格格点亮。

借助新年的契机开展的这项活动，吸引了大量网民的关注和参与，对于微信和百事可乐两者在互联网时代的营销创新，也有着重要的借鉴意义。

“快乐”这一创新核心，可以将其拆分进行解读，一是“快”，一是“乐”。

所谓“快”，就是简单、便捷。在互联网思维下，一切都朝着精简化、碎片化的方向发展，信息的爆炸和传播方式的多样化让网友们变得更“懒”，他们不愿意专门抽出时间去浏览海量的信息，而是忙中偷闲地快速浏览好玩的段子，这才更符合他们的心理。所以，不光传播内容要尽可能言简意赅，营销活动的参与方式也要尽可能地简单方便，这样诸位“业务繁忙”的网友才愿意在百忙之中顺便参与一下你的活动。

那么何谓“乐”呢？互联网思维下的“乐”，简单来说就是互动，俗话说“独乐乐不如众乐乐”。过去，信息交流手段不发达，人们难以大范围、同时段地与他人沟通，或者是参与一场活动，而互联网的普及，特别是移动互联网的普及，彻底解决了这一限制因素 QQ、微博、微信等工具的出现，让不同地域的人们都能够即时地讨论话题、交流信息，由此诞生了许多“全民参与”的营销活动。活动本身可以不具备巨大的利益诱惑，但一定要让参与者感到好玩、有成就感，让平时做不到的事、以一己之力无法实现的事在这里实现。

现在，反观“点亮广州塔”的活动，具备“快”和“乐”这两大创新要素吗？答案毫无疑问。一条简短的回复信息再加上轻轻一摇，微信用户就能成为一名“火炬手”，参与方式简单至极。然后，“点亮广州塔”这一“壮举”，是由众多用户共同完成的，凭一己之力做不到，平时也没有机会去实现，这就是新鲜和互动，这就是成就感。所以，这是一次快乐的创新活动。

快乐式的创新，体现的正是互联网用户思维，一切都要站在用户的角度去思考，不能只做自己想做的，还要知道用户愿不愿意这样做。你觉着自己创造的一个活动很简单、很好玩，但用户不买账，那么一切都是白费。创新不是异想天开的，建立在用户认同基础上的创新才是真正有价值的。

疯狂企业自媒体，玩出商业价值

自媒体运营已然成为大趋势。众多企业纷纷把眼光从传统媒体转移到自媒体上来，自媒体成为企业一种新的发展跳板。这个看似同商业无关的新鲜事物，被敏锐的商人们紧紧抓住，挖掘其中的商业价值。其实，只要你会玩，没有什么不可能！

1. 杜蕾斯，“杜杜”福利可不少

“性”这种让人脸红心跳极具敏感、隐晦又羞涩的事情，在杜蕾斯的带领下，却成为公众大方、淡定、大谈特谈的话题。

在自媒体营销中，杜蕾斯是不可缺少的领跑者。从微博到微信再到人人，杜蕾斯占据了各大社交网站的一角，到处都有它活跃的身影。作为这些社交网站上的明星品牌，杜蕾斯唯一做的，也是奠定现在明星品牌地位的事情，就是自媒体。

作为一个国际化的大品牌，杜蕾斯站得不高，走得也不远，它不愿乖乖地站在超市的一角静静地等待着有需求的人士将它带走。从微博开始，杜蕾斯就把自己的社会化营销道路贯彻得不留余地。它搞怪、耍酷、心细、性感、柔情，被人亲切地称为“小杜杜”，它利用社会化媒体与公众亲密互动，

大方自如地玩转自媒体，向公众传播“性”，保护“性”，维护公众的“性福生活”。

杜蕾斯善于同用户互动，把用户变成粉丝，让粉丝成为自己最为坚实的后盾，这是关键。杜蕾斯之所以吸引“粉粉”，其手段便是福利。

细数杜蕾斯自媒体营销的道路，粉丝们的福利始终贯穿其中。

2012年12月，杜蕾斯在微信上推送了一条信息：“杜杜已经在后台随机抽中了十位幸运儿，每人将获得新上市的魔法装一份。今晚十点之前，还会送出十份魔法装！如果你是杜杜的老朋友，请回复‘我要福利’，杜杜将会继续选出十位幸运儿，敬请期待明天的中奖名单！悄悄告诉你一声，假如世界末日没有到来，在临近圣诞和新年的时候，还会有更多的礼物等你来拿哦！”推送消息一发，杜蕾斯在短短两个小时内，便收到了几万条“我要福利”的信息。10盒套装换来了几万粉丝，杜蕾斯成了大赢家。

2013年，杜蕾斯推出新产品——焕觉系列的杜蕾斯振动棒。为了宣传新产品，“小杜杜”给粉丝们发福利，在微博上发起“焕觉之旅”的活动。活动邀请一对情侣，开启北京到云南香格里拉的旅行。在旅行中，情侣要用杜蕾斯新推出的振动棒获取旅行中的费用。杜蕾斯的这个活动，吸引了很多人，让情趣用品也戴上了新奇、搞怪、有意义的帽子。

2014年情人节，杜蕾斯与在情人节上映的电影《北京爱情故事》联手，并特别为《北京爱情故事》订制了特别版的小铁盒套套，在部分电影院，只要是情侣购票，就可以获得这个小铁盒。同时，在《北京爱情故事》上映的第一天，杜蕾斯在微博上发起移动小酒馆的活动，杜蕾斯把房车改造成心声酒店，情侣可以在车上喝酒，但是，在上车前，要讲出自己的爱情故事，很好地迎合了情人节的主题。

一直以来，杜蕾斯都在充当公众的“两性保护专家”的形象，也经常在微信上用诙谐幽默的语言回答粉丝们关于两性问题的提问。每周都会搜集与粉丝之间的经典问答，形成特色的“一周问答集锦”，也会赠送粉丝们礼物。同时，杜蕾斯还在微信公众平台上，推出“私密健身房”、“热门游戏”、“视频精选”、“杜杜电视台”等，让粉丝们乐在其中。

杜蕾斯不管是在微博、微信的线上活动，还是在线下活动，都能成为焦点，都可以吸引到大批用户的热心参与，这是因为它苦心经营的核心粉丝。它的各种福利活动，能够带给粉丝真正的体验，这体验不仅来自身体，同样也来自情感。

在自媒体营销中，粉丝是关键。但是，粉丝中的“抽奖控”和“僵尸粉”不在少数。对于企业来说，“抽奖控”和“僵尸粉”对企业的价值微乎其微，形同鸡肋。企业应该同杜蕾斯一样，培养真正有价值的核心粉丝。

2. 小米微信客服营销，9：100 万

小米公司的雷军说：“只要站在风口，猪也能飞起来。”小米之所以成为商业界营销的神话，是因为它站在了互联网思维的风口上。

同“小杜杜”一样，小米也是玩转自媒体的专家。从官方微博、QQ 空间、微信公众号到各大社交论坛，小米赢得了众多粉丝。有注重体验的年轻人用户，有每周有话题可说的 MIMU 等软件的更新，有一呼百应的自媒体“明星效应”，小米的自媒体营销玩得得心应手。

在小米的自媒体营销中，我们无法忽视的就是它的微信客服营销。

小米的微信账号后台有 9 名工作人员，他们每天的工作就是回复微信上 100 万粉丝稀奇古怪的留言。

在小米的微信公众号服务中，对于手机用户的留言，小米有自动服务。但是，为了满足更多手机用户的需求，及时地了解手机用户的动态，小米的微信公众号还是在自动回复之余采取了人工客户服务。

为了方便手机用户，小米的微信后台对于用户的留言会自动抓取，当留言出现“订单”、“快递”、“刷机”等词语的时候，系统会自动分配给人工客服，而后客服人员会一对一地进行回复。

这种“9：100 万”粉丝管理模式，为小米赢得了好的口碑，在很大程度上提升了用户对小米品牌的忠诚度。优质的客户服务大大地提高了小米的销量，让更多的用户成为小米忠实的粉丝。

互联网思维强调用户体验，其中产品和服务是不可或缺的两个方面。产品的高性价比是小米的骄傲，而优质的客户服务同样成为了小米的骄傲。

小米的营销副总裁黎万强说：“我们是把微信服务当成一个产品来运营的。”做营销就是做服务，这就是小米的宗旨。

新一代的消费者对用户体验要求极高，不仅是产品，还有服务。经常在淘宝上购物的人都会有这样的感受：当你怀揣着问题问客服的时候，弹跳过来的是千篇一律官方的系统自动回复，或者说了半天还没人反应，购物的欲望在服务得不到及时满足的情况下会大打折扣。

在自媒体营销中，小米率先做好的是服务，然后是营销。在小米的运营团队中，做内容的只有 20%，而 80% 都是在做服务。小米把营销和服务联系在一起，为了满足新一代人群通过碎片化的时间接受客服的服务，小米发展微信账号，利用微信客服为更多的小米用户提供服务。通过社会化公众媒体，把用户变成粉丝，把粉丝变成员工。它通过“9：100万”官方微博客服营销，及时、贴心、用心地回答用户的问题，让用户体会到小米与众不同的服务，很容易便赢得了用户的心，让用户成为粉丝。

在企业自媒体时代，企业应该做的，是利用社会化的公众媒体，把营销和服务相结合，让用户体会其中。

3. 招商银行，爱心漂流瓶

2013年3月，招商银行看中了微信这个社会化媒体，积极地在微信上发力，成为最早利用微信平台进行营销的银行。

“欢迎关注国内首家微信银行，我是小招。”招商银行在微信上的开场白时尚、轻松、活泼，一扫往日银行沉闷、正式的严肃气氛，一下子拉近了与用户之间的距离。

微信公众号正式上线之后，为了快速聚集粉丝，与用户互动，招商银行马不停蹄地利用微信的漂流瓶，进行社会化媒体的公众营销。

> 2013年上半年，招商银行在其微信公众平台上发起了“爱心漂流瓶”活动。微信用户使用微信平台的“漂流瓶”或者“摇一摇”功能时，便可看到“招商银行点亮蓝灯”，如果参与关注，与招商银行进行较为简单的互动活动，招商银行便可以通过“小积分，微慈善”平台为自闭症儿童提供帮助，贡献用户的一份爱心。
>
> 通过这个简单又有意义的慈善活动，有很多的微信用户参与其中，招商银行的关注度也得到大幅提高。

招商银行的“爱心漂流瓶”微信营销成为国内最成功的微信营销案例之一，通过这个活动获得了更多用户的关注，让金融行业的营销进入了移动互联网时代。

4. 1号店，“你画我猜”

1号店把超市开在了网上，成为我国电子商务“网上超市”的鼻祖。

在微信营销如火如荼地开展的时候，1号店充分利用微信舞台为自己谋求移动互联网时代下的发展。

2013年，1号店在微信上开展了“你画我猜”的互动式竞猜活动。在活动中，用户需要在微信上关注1号店的官方微信，然后接收来自1号店官方微信每天发送的一幅画，猜出答案，把答案发给1号店。回答正确、用时最少的用户，就可以获得1号店礼品。

“你画我猜”本身就是一款游戏，因为好玩、有趣，吸引了很多年轻人，在网络上的人气很高。1号店把这款游戏和微信公众平台相结合，与粉丝开展互动式的竞猜活动，吸引了大批粉丝的参与，在提升1号店名气的同时，也为店内产品做了很好的宣传。这种看似是游戏的互动，其实更是自媒体营销。

1号店的“你画我猜”活动与麦当劳的“樱花甜筒跑酷0元抢”活动如出一辙。麦当劳的这个活动，是以好吃可口的甜筒为诱惑，吸引用户参与其中。其实，在很多情况下，参与活动的人并不是真的想要得到甜筒，而是因为活动的趣味性。既可以参与活动，又有免费的礼物，何乐而不为呢！

1号店也是如此，它巧妙地用礼品吸引粉丝，“你画我猜”本身是一款非常有趣的游戏，在游戏吸引之下的有奖竞猜活动符合互联网思维下用户的

“爱玩”、“想玩”心理，以此，在物质和心理上给予粉丝一定的刺激，并通过高效的微信互动提高了粉丝的活跃度，从而在一定程度上增加了粉丝，以低成本、低投入提高了粉丝的质量。

在互联网时代，对于企业来说，营销不只是以结果驱动的活动，更重要的是要以过程驱动。在这个过程中，要以用户为中心，注重用户的参与度，在满足用户对产品或者服务的特定需求之后，还要充分挖掘其他方面的需求。如麦当劳新推出的甜筒，在满足客户对甜筒需求的同时，也注重客户在得到甜筒过程中的体验，1 号店也是如此。这种方式在很大程度上吸引了更多的粉丝，让粉丝参与到企业的营销环节中，增强营销环节的趣味性。

5. 天猫，“喵星人”的非主流

一直以来，天猫是在主流线之外走着，优雅地做着特立独行的“喵星人”。可以说，天猫的道路走的是非主流的调调。它用自己的实际行动告诉我们，非主流也是营销策略方案的法宝。

很多人都说不清楚，是从什么时候开始，每年的 11 月 11 日这个既不是传统节日也不是值得纪念的日子，竟成了单身人士的“法定节日”。这个非主流的文化在年轻人的身边悄然滋生。很多人也说不清楚，又是从什么时候开始，11 月 11 日的“光棍节”成了马云的发家日。

现在说起“双 11”，人们脑海中的第一反应不再是“噢，今天是光棍节”，而是条件反射的“抢”！

“喵星人”是高明的，从 2009 年开始，它把眼光盯在了非主流的“光棍节”上，巧妙地避开了传统节假日被湮没在各种促销活动中的危机，而独辟蹊径，在主流之外，开创了属于自己的非主流“购物狂欢节”。

为了这场促销秀，天猫极尽能事地宣传，让普通的一天，变成了比节假日还要疯狂的“节日”，地铁、商场、电视广告、各大网站等都在宣传着“双11”。而马云这位电商大佬也为天猫的这场重头戏忙碌，邀请重量级商业人士为“双11”促销活动造势宣传。其中，“喵星人”的微信公众号更是为这一天而忙碌。2014年进入到9月份以后，“喵星人”的微信公众号就在发布“双11”的各种公告，从“双11”活动上的大咖，到“双11”当天的抢红包攻略，“喵星人”的微信公众号，总会吸引大批粉丝的关注。

“双11”这一天满足了数亿人购物的欲望。很多人都说，一年的东西都在这一天买了！疯狂购物在这一天也被人理解为理所当然的事情。天猫的“双11”非主流购物活动，满足了用户用更少的钱购买更多产品的欲望。同时，这一天的购物，也满足了用户抢购的快感。

除了对“双11”活动的固定宣传外，“喵星人”在平日里也极尽宣传之能事。只要你加入了天猫的官方微信，就是进入了阿喵的星球。在2015年的“三八妇女节”，“喵星人”就在微信上进行了节日的抢购宣传，给众人带来了节日的福利。

“喵星人”的非主流营销，懂得寻找独一无二的差异化节点，注重消费者的体验，把品牌推广和消费者结合起来，利用社会化媒体造势宣传，最大限度地聚集消费者，让自己成为非主流节日的代言人，把品牌深深地植入人们的心中。

Web2.0，触动了人们展示炫耀的欲望神经

互联网改变了整个时代，它从 Web1.0 跃升为 Web2.0，必然会引来一系列的“变革”。

1. 信息获取方式的变革

在 Web2.0 引发的革命中，信息获取方式发生了巨大的变化。

Web1.0 时代，获取信息的方式是被动的。而被动地接收信息的方式完全忽略了用户参与的重要性。Web2.0 时代，强调用户的体验，用户有了更多的信息选择权，通过网络主动获取信息，并享受传播、分享这些信息的自由。强调交互体验的 Web2.0 时代，使得用户的价值得到最大程度的挖掘，用户不再单纯地充当信息的接收者，他既是网站内容的阅读者，也是内容的制造者。由于公众的参与，信息的传播具有更强的实时性、公开性和社会性，在一定程度上促使了社会化公众媒体的产生。

从博客、贴吧、论坛，到微博、微信、QQ 空间，我们只是网站内容的发布者。所有网站提供给用户的只是一个平台，内容需要用户来填充。

而 Web2.0 引发的用户主动信息获取方式的变革使得自媒体成为可能。

因为每个人都是信息内容的制造者和接收者，这让每个人都成为信息的来源，也是信息的分享者和传播者。由于用户需求的多样化、个性化、社会化，催生了大批自媒体的产生，微信公众平台、微博粉丝大号等大量涌现。

2. 自媒体让言论获得自由

Web2.0，“媒体”一词被赋予了新的含义，作为冲击传统媒体的新鲜事物，自媒体悄然兴起。

我国网民达 6 亿之多，活跃在微博上的有 3 亿多。在互联网上，一个小小的 ID 就是一个媒体。这个媒体无关大小，都是信息的发布者和传播者。自媒体时代下，信息的交互性，使得互联网用户的言论自由得到无限放大。微博、微信、博客、论坛等成为一种传播介质，是网民发表言论、传播和分享信息的重要平台，在这些平台上，催生了新时代下公众的言论自由。

在传统媒体时代，信息需要经过层层筛选才能传递给公众，而公众最终得到的信息是经过加工的，公众的言论自由无法正常表达。而到了 Web2.0 时代，公众对媒体的信息不再全盘接收，公众开始有自己的判断和认识。而网络的开放，使得人们之间的交流不断扩大，可以在公共媒体上交换不同的看法和观点。

于是，微博、个人空间、博客、论坛等成了网民快意抒发言论的地方。在这里，人们都在卖力地传播信息，手机的文字、图片、视频、录音等功能使得人们可以随时随地在网上传播和分享身边发生的每一件事情。自媒体时代下，公众的力量已经远远超过了传统媒体，信息及时、准确、完整地被播报，微博、博客、论坛等也成了新闻搜集素材的地方。越来越多的大众传媒传播的热点是众人关注和讨论的热点。在新闻中，主持人常常以“一网友说”、“一网友的微博上……”开头成为一种习惯，这是传统媒体对自媒体的一种妥协和借鉴。

自媒体下，言论充分自由，只要你想，你敢，就可以把自己的思想和言论表达出来并分享给他人。不过，言论自由是有边界的。自媒体在催生公众言论自由的同时，也带来了一些负面的影响。有些人利用言论自由，肆意在微博上、论坛上发布虚假信息、夸大社会事件，从而给公众带来一种错误的引导，让公众形成错误的判断，甚至引起社会恐慌。越是自由的地方，越需要一种标准和制度将其规范在一定的范围内。这就需要我们在充当媒体人的同时，也要对自己的言论负责，把自己的言论自由纳入到法律和道德的规范之内。

Web2.0 时代，公众的媒体权和言论自由权得到了很大程度的平衡。可以说，正是因为宽容自由的环境，才出现了更多的想法和创意。如很多企业会开通自己的官方平台，与用户交流。这些用户在平台上自由地发表言论，有赞美也有批评，这样才使企业的产品越来越符合大众的需求，才促使企业越走越远。

在自媒体时代，公众言论自由是一种进步。不过，我们每个人在充当自媒体的同时，也要守住法律、道德和自我的底线。

3. 移动互联，全民入网大大推动了 O2O 的发展

在地铁或公交车上，很多人拿着手机或 ipad 在看小说、刷微博、微信，逛论坛、贴吧，玩游戏；或点开手机淘宝，看到中意的商品就直接下单；聚会上，一圈人围着餐桌，都默契地低头用手

机刷着朋友圈；为了打发上厕所的无聊时间，蹲着马桶，玩着手机游戏……

随时随地打开手机、ipad，玩游戏、刷微博、微信、论坛、贴吧，成为80后、90后的生活和工作中的习惯性操作。他们抛开了台式电脑和笔记本电脑，拥有了一个随时随地上网的移动终端设备，现代的智能手机成了掌上电脑。

根据我国互联网中心发布的信息，截至2014年上半年，我国网民手机上网的使用率为83.%，台式电脑和笔记本电脑上网的网民数量有所下降。这一数据有力地表明，我们进入了移动互联网时代。

移动互联网时代实现了全民入网，而全民上网的移动互联时代带来的一大改变，便是迎来了移动信息传播的到来。它打破了地域、身份、层级的限制，让人们在一个平台上平等地传播，最大限度地实现信息的交互。这一改变最大限度地打破了企业和用户之间信息的不对等，从而推动了互联网电子商务的新模式——O2O的发展。

所谓O2O，是Online To Offline的缩写，翻译过来就是线上到线下。O2O是利用互联网连接的一种商业模式。企业可以把线下的商业机会和互联网相结合，让互联网成为线下交易的前台。O2O模式的好处是，能够从网上把用户带到企业的线下实体店里。

O2O是一种线上和线下相结合的商业模式。在这种模式下，企业需要在线上引流，从而实现线下销售。企业要充分利用社会化公众媒体做好营销，在线上打造吸引用户的产品信息，做好内容推广，并以良好的形式展现出来，这样才能吸引大量的用户，以便促成线下的成交。

Chapter 2
开启自媒体，实现全媒体营销

自媒体是时代的选择。对于企业来说，顺应时代才能走得更远。在自媒体已经被大众接受之后，企业就要整装待发，开启新时代下的自媒体营销模式。

玩的就是**自媒体**

案例导入

当众人还不太清楚自媒体为何物的时候，小米便开启了自媒体运营模式。

小米，是在苹果和三星这两个“高富帅”的夹缝中求生存的“屌丝”。然而，就是这样一个“屌丝”，硬生生地实现了完美的逆袭。

从MIUI到米聊、小米、小米1S、小米青春版、小米2、小米2S、小米电视、小米3……

小米演绎的“屌丝”逆袭让众人愕然。其实，小米的成功，自媒体营销是其成功的一大助力。

“专注、口碑、极致、快”，这是小米成功的口诀。小米懂得顺势而为，懂得在Web2.0时代把社会化媒体作为企业运营发展的手段。

小米不缺内容，每周都有MIUI软件的更新；小米不缺粉丝，米粉们是小米重视的拥趸；小米不缺互动，小米论坛、微博、微信，都在自如地把握粉丝的每一个动态，同粉丝进行着激情互动。

关于自媒体

微博、微信、QQ、论坛、贴吧，人人都在玩，人们都在无意识地做着媒体人。可是，自媒体是什么，它有什么样的特征，很多人并不了解。对于运营自媒体的企业来说，不了解自媒体为何物，这怎么能行？！

1. 什么是自媒体

“自媒体”是这两年被炒得很热的词汇。对于企业来说，在移动互联网时代，自媒体营销是其成功转型的关键点。人人都是自媒体，但是，要想做好自媒体并没有那么简单。

自媒体（We Media），别名又叫“公民媒体”或“个人媒体”，是以现代化的手段向人们传递信息的一种新型媒体。其专业性的定义是：普通大众经由数字科技强化、与全球知识体系相连之后，一种开始理解普通大众如何提供与分享他们自身的事实、新闻的途径。简而言之，自媒体就是每个人都是自己的媒体，每个人都可以发布所见所闻事件。在这里，我们需要借助自媒体平台，即博客、微博、微信、各种贴吧、论坛等传递和分享信息。

自媒体与大众媒体的差异

自媒体是Web2.0时代产生的新型媒体，它与大众媒体不同。Web2.0强调的是网民的参与。因此，网民自己成为传播的发源地和传播渠道就成了自媒体的核心特点。

大众媒体又被称为大众传媒，即大众传播媒体。其传播媒介主要有报纸、电视、广播、杂志。

自媒体是新媒体，大众媒体是传统媒体，其所代表的时代不同，二者之间存在着一定的差异。其差异性主要表现在以下几个方面：

第一，传播媒介不同。

大众媒体的传播媒介主要指报纸、电视、广播和杂志等专业媒体，而自媒体的传播媒介是普通大众，通过微博、微信、博客、贴吧、论坛等自媒体平台进行信息传播和分享。

第二，传播方式不同。

大众媒体的传播方式是“自上而下”，由点到面的传统传播方式；而自媒体的传播方式是“自下而上”，由点到点的对等传播方式。

第三，传播主体的地位不同。

大众媒体的主体是专业媒体和大众。在大众媒体中，报纸、电视、广播、杂志是信息的制造者和发布者，享有绝对的主动权和话语权，是单向的传播；自媒体的传播主体是普通大众。在这里，每个人都是信息的制造者和发布者，同时也是信息的接收者，是双向的互播。

第四，门槛和运行消耗不同。

大众媒体的成立门槛比较高，需要经过层层筛选、审查、检验，其运作需要消耗大量的人力、物力和财力。

而当互联网发展到Web2.0时代，自媒体由于其门槛低、操作简单而得到迅速发展。用户只需要在自媒体平台上注册申请，就可以建立自己的自媒体平台。平台建立好之后，人们可以轻松地发布文字、图片和视频。

第五，封闭性和交互性。

传统媒体的传播方式是较为封闭的，是由传播媒介到受众；而自媒体的传播是开放的，具有交互性的，是个人与个人之间的相互传播。

自媒体的“自”传播特质

在“自媒体”这三个字中，最需要关注的是“自”。“自”很好地体现了自媒体的不同，它有着不一样的“自”传播特质。

自媒体拥有下面几个“自”传播特质：

第一，平民个性化。

自媒体时代，人人都是自媒体，媒体不再是高高在上的，让平民觉得遥不可及的。因为每个人都是媒体人，都充当着信息内容的制造者和传播者，每个人都有自己的个性，每一个言论和信息都表达着自己的思想，这就使得自媒体之下的信息带有更多的个性化色彩。

第二，关系一体化。

自媒体一个非常明显的特质就是传播者和受众者一体化。受众既是内容的制造者，又是信息的接收者。这种传受关系的一体化打破了传统媒体封闭式的传播格局，是自媒体区别于以往媒体的最大特质。

第三，传播渠道多样化。

传统媒体大多通过报纸、电视、广播、杂志等媒介进行传播，这种传播方式较为狭窄。而自媒体的传播方式则比较多样。可以通过微博、微信、贴吧、论坛、空间等各种平台发布和接收信息。

第四，传受主体的多样化。

每个人都是自媒体，每个人都有不同的身份、职业和社会地位，这就使得自媒体的传播者和接收者的主体多样化。

第五，传受速度迅捷化。

互联网技术的快速发展，使得自媒体的传播和接收信息的速度迅捷化。不再像传统媒体那样，需要时间。一般地，我们在微博、微信、空间、论坛等自媒体平台上发表文字、图片、视频，这些信息将很快地传送给关注我们的人。在自媒体时代下，我们可以随时随地地发布和分享信息。

2. 自媒体的重要性

作为在主流媒体之外异军突起的自媒体，它是互联网发展的产物，它适应时代的特点和普通大众的要求，在移动互联网时代有着重要的意义。

自媒体是人的需求的本能体现

从人性的角度来说，自媒体是人的需求的本能体现。

在人类需求理论中，最经典的是马斯洛的需求层次论。

马斯洛把人类的需求从低级到高级分为五种：生理的需要、安全的需要、社会的需要、尊重的需要和自我实现的需要。

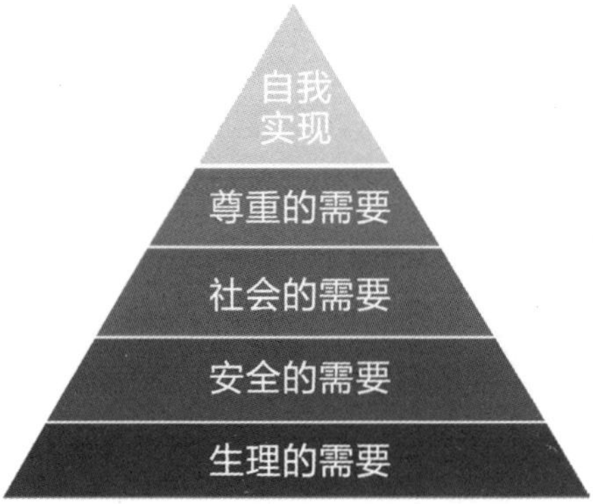

随着人们收入和生活水平的提高，人们的需求越来越多地从基本的生理需要、安全的需要（或者说对产品的功能质量的要求）上升到社会的需要、尊重的需要和自我实现的需求层面上来。

作为一种社会化生物，人特别需要爱、被接纳、友谊，需要和其他人建立联系，即“当我诉说的时候有人倾听，当我炫耀的时候有人喝彩”。因此，人们更愿意倾诉表达自己的观点。另外，人们在表达的时候很在意别人的反应和评论，会通过网上的发言获得尊重和自我实现的感受。

而自媒体的出现和发展给了人们发言的机会，在自媒体的平台上发表观点，在发布的信息上通过评论和转发来发泄个人的情绪和情感。所以，从这个层面上来说，自媒体的出现、发展和壮大是一种必然现象，是人类对爱、尊重及自我实现的本能追求。

品牌定位的建立过程

每个企业都讲品牌，在商业社会下，品牌意识已经深深地植入到我们的头脑中。

那么，品牌到底是什么？

品牌的最高境界是“想象”，通过看到某个品牌的名字、Logo、文字、音乐，就会产生某种情绪或情感。当你看到这个品牌的时候，是否愿意成为这个品牌的客户，是否愿意和这个品牌的员工打交道，是否愿意和使用这个品牌的客户在一起。

一个品牌进入市场，进入用户的心智中，定位非常关键。

自媒体作为企业营销新兴的一个平台，它对品牌的定位非常重要。由于其不受地域限制的广泛性和全民参与的普遍性，它对品牌的创立、传播起着很大的助推作用。

企业在运营自媒体的过程中，一定要有一个明确的品牌定位。

品牌定位的建立过程有以下几个步骤：

第一步，细分市场，明确自己的目标客户群。

企业的产品在进入市场之前，一定要进行市场调研，对市场进行细分。细分的市场就是自己的“战场”，只有找准了“战场”，才能建立属于自己的“战壕”，找到自己的“敌人”，“作战”才有目标和方向。这是企业品牌定位的基础。

企业运营自媒体，一定要细分自己的目标市场，找到属于自己的目标客户，市场细分一定要做到精准。

小米对市场就做了精准的细分。在对国内手机市场进行了认真的分析和调研之后，小米把自己的手机市场定位在年轻人市场。这个年龄层次的人能够接受新事物，敢于尝试新兴的电子产品，对其他的消费群体起到示范作用，是手机的发烧友。这样的年轻人就是小米的目标客户。

第二步，选择易于他人接受的品牌名称。

一个品牌的名称很关键。在竞争激烈的商业市场，好记的品牌名称往往能最先进入用户的心智，也最容易被用户识别。在给品牌起名的时候，一定要异于同品类的产品，同时又要代表自己的个性和特色。

在自媒体运营的品牌中，从小米到江小白、三只袋鼠、阿芙精油，再到鬼脚七，它们的名字都很特别，很有个性，很容易被用户记住。

第三步，拥有体现自己、代表用户的品牌口号。

品牌的宣传口号很重要，它是品牌名字的延伸，更能表现品牌的内涵。宣传口号不仅要体现产品的特色，更要能代表自己的目标客户的特性。

小米的品牌口号为“为发烧而生”，口号响亮，极具特色，很好地表现了小米“低价格”、“高性价比”的产品特点。无论是米 1 还是米 2、米 3，小米手机都是最高配置最亲民价格的发烧机。除了体现手机的特色之外，“为发烧而生”的品牌口号，能够很好地抓住小米手机发烧友们的心。

第四步，品牌识别体系。

所谓品牌识别体系，也就是品牌的标识和品牌的外在形象，这个给用户带来的是视觉效应，让用户一眼就能把产品从同类的产品中识别出来。

小米手机的拼音“mi”和厚重的金属质感的外壳设计，符合“发烧”这两个字；江小白酒瓶上英俊迷你可爱的卡通人物形象，也符合江小白“屌丝男，文艺心”的宣传，这些都给用户留下深刻的印象。

第五步，不可忽视的品牌互动。

企业进入自媒体时代，与用户的互动不可缺少。在创建一个品牌的时候，尤其需要与用户进行品牌互动。这样才能了解用户的特质和需求，从而满足用户的参与欲望。

小米品牌，一直以来从不缺乏与粉丝之间品牌的互动。在论坛、微信、微博、QQ 上经常与粉丝互动，拉近了与用户之间的感情，把自己的品牌植入到用户的心中。

从细分市场到品牌名称、品牌口号、品牌视觉系统、品牌互动，这些都是一个品牌定位不可缺少的内容。

自媒体时代，“定位”的争夺战

英国曾在第一次工业革命期间掀起圈地运动，以聚集的财富资本来发展经济。如今的自媒体时代，我们所谈的圈地，不再是养羊，而是去培养一个品牌。培养品牌，意味着自媒体必须具有竞争意识，为自己圈出一块独特发展的天地，在其中培育自己的产品，在这个空间里运营自己的品牌，赢得自己的用户。

自媒体时代，在定位上，各大品牌陷入了争夺战。

各大企业纷纷加入自媒体大潮，挖空心思建立自己的自媒体，为自己的企业服务。自媒体丛林里，行业的自媒体之间也进行着隐性的竞争，都在为吸引用户进行奋战，在自身定位上也是各显身手，宣扬自己的优势，试图用自己的定位去说服用户。

然而，用户的接受度是有限的，他们无法记住很多自媒体的名字，也不会去订阅太多自媒体的账号。同时，他们的心理门槛也越来越高。如果一个自媒体没有自己的价值点，他们不会对这个自媒体产生兴趣。

企业自媒体要想在竞争中脱颖而出，必须要进行差异化定位。

所谓差异化，是把自己和其他品牌区分开来的有效方法，也只有差异，才能让用户在相似的品牌中找到你。而把差异变成自己的强有力的竞争优势，需要为用户创造一种差异化的价值，让用户记住你，在心中为你留下一个特别的位置。

所以，企业自媒体想要赢得用户，就必须确立起自己的差异化竞争优势。确立这种差异化竞争优势，意味着自媒体必须要找到自己的核心价值点，利用这种核心优势进行自我定位，进行自媒体运营规划，在竞争中，开掘出一条属于自己的道路。

要建立自己的差异化优势，企业必须明确以下几点：

第一，自媒体要有自己独特的价值主张。

自媒体品牌应该具有自己鲜明的品牌价值主张。这种价值主张意味着，自媒体在进行品牌传播时，必须要明确地回答几个问题，即：我是谁，我为了谁，用户为什么要选择我，我能够为用户提供什么，为什么我是值得选择的。

明确了我是谁、我的价值以后，才能明确我的差异。

第二，自媒体需要具有一种人格化的特质。

当人们对情感的渴望到了非常高的境界时，哪怕对方是一台电脑，我们也希望与之进行情感的交流。苹果的 SIRI 面世时，很多人在第一时间就会尝试与这个软件进行对话："你叫什么名字？""你多大了？"

自媒体想要成为用户的伙伴，就要把自己当作和用户一样的有血有肉的人，有自己的个性、兴趣爱好和习惯用语。如小米把自己定位为发烧友，它的外形、配置都是按照发烧友的标准制定的。

第三，自媒体必须精准地为用户服务。

自媒体定位是一种进入用户心智的定位。要想自己的自媒体品牌进入用户的心智，并不是只有定位就够了，而是必须要跟随用户的需要，为他们提供量身定制的服务，让他们获得好的服务体验。

客户的年龄、喜好、关注的信息都要了解，自媒体提供与客户的兴趣相对应的内容，说他们爱听的话，让他们觉得这个品牌就是为自己定制的，其他品牌的产品都不能代表自己。

第四，打造自媒体，企业要内外兼修。

品牌的最高境界是想象。互联网时代，人们对一个企业的认知不仅仅是通过大众媒体获取，而是通过各种渠道。不论在大众媒体打造一个多么高大上的形象，在微博、微信上只要流传一条负面消息就可能会击毁这个企业。而由于微信、微博的信息都是自发传播的，企业很难控制，如果管理和文化上出现问题，很容易被员工传播负面的消息。因此，企业要想做好自媒体，内部的修炼也极为重要。

最近几年出现过几个内部员工披露公司弊端的案例，曾引起轩然大波，把企业长期精心营造的繁荣破坏殆尽。

提高企业自身的管理水平，提高员工的薪酬福利，对员工进行人性化的管理，给员工足够的尊重，只有这样才能让员工发自内心地发布对公司感恩的内容，而一篇这样的内容，往往胜过一百篇企业自媒体的宣传。

自媒体时代：从传播到互播的转变

在全媒体时代，传统媒体的优势在于强大的人力、物力资源和丰富的经验。但是，传统媒体在信息传播的过程中都是单向传播，即新闻机构向受众者传播，没有受众的信息反馈这一环节，受众只能被动地接收信息，而缺少公开发表意见的途径。因而自媒体才应运而生。

自媒体是以博客、微客、新闻聚合、论坛、即时通讯等新媒体为载体的个人媒体的统称。它已不再是媒体公司和专业记者自上而下的“广播”过程，而越来越成为一种受众、编辑、记者等一起互动的互播过程。人们不再像过去那样饰演着被动角色，而是新闻的参与者和创造者。网民们开始成为主角，参与到新闻和信息的收集、报道、分析和传播过程中。

与传统媒体相比，自媒体作为真正属于大众的、自产自销的共享媒体，有着积极的巨大的潜在力量。它最大的优势在于网民之间的互相传播，这种方式冲击着传统媒介形式，同时，越来越多的事实也表明："对话"比"宣讲"更具有效力。

在自媒体时代，信息都是以平民化、私人化、自主化的方式传播的，其理念是平等对话、信息共享。而传统媒体是一对多的传播，人们缺少话语权、被动地接收信息，传统媒体这种"宣讲"方式已经不能满足公众对新闻价值的追求。

自媒体的力量在于，它颠覆了以往传统媒体垄断新闻源的局面，使每一位公民都能成为记者。"人人皆记者"、"人人皆媒体"成燎原之势迅猛发展，自媒体这种新的新闻传播方式，使微博、论坛、电子邮件、QQ、MSN 等，都有可能成为即时新闻的消息源，打破了以电视、广播、报纸垄断的传统媒体传播新闻的形式。

传统媒体的优势是垄断信息源、独享话语权，而自媒体的信息源则是遍布民间，每一个公众只要有手机或网络，都可以将文字、图片、视频传送出去，而信息接收者同时又可以是下一个发送者。这比传统媒体既定的传播渠道要复杂得多，受众量也大得多。

在自媒体时代，新闻发布的技术门槛和"准入"条件降低，不需要成立专业的媒体机构来运作，也不需要相关部门审批，任何人都可以在微博、论坛、MSN、QQ 上发布新闻，信息会很快在这些载体之间传播。自媒体时代，每一个人都成了新闻游击队员，新闻在哪里，新闻现场的任何一个人都可以是新闻游击队员。这使传统媒介时代的新闻的单向传播方式，逐渐被自媒体取代。

自媒体成为当下最热门的传播媒介已是不争的事实，传统媒体一对多的传播、自上而下的传播方式逐渐不再被公众所接受。因此，记者们也已学会通过微博、微信等来寻找新闻线索，让自媒体成为其他媒体的信息源。

企业自媒体运营策略

成功运营自媒体，对于企业来说是一个极大的挑战。企业自媒体运营，要掌握一套科学的运营策略，这样才能在新的领地中开辟出属于自己的领土。

1. 自媒体应该提到公司的战略层面

自媒体运营企业是互联网思维之下企业运营的新的突破口，是企业在新时期下成功转型的新方向。对于企业而言，应该认识到自媒体对于企业运营的重要性，把自媒体提升到公司的战略层面上来。

2012 年，小米推出小米 2。产品刚推出，小米就在其官方微博上发布了新手机的消息，这条信息在用户中被广泛转发。这条微博从 2012 年 12 月 19 日到 12 月 31 日，共被转发了 260 万次，150 万的用户参与了微博的转发，覆盖了近 5 亿人次。

在小米推出其手机青春版的时候，也是利用自媒体平台为其新产品进行宣传。其在官方微博上并不直接宣传手机，而是先在微博上发布了“我的 150 克青春”的话题。在微博上引起众人的关注之后，小米又发布了一系列有关青春的插画。从而，引发了网友在微博上关于青春话题的讨论。最后，再揭晓所谓的“150克”原来是小米手机青春版的重量。小米的这个微博被转发200多万次，有100多万的评论，是当年被转发次数最多的微博。

在小米手机的销量中，有70%是通过互联网完成的，其中50%是通过微博、论坛、微信等自媒体平台完成的。

小米运营战略的聚焦点始终都是自媒体，在这个战略下，小米从论坛到微博，再到微信、QQ，都配有一个完整的人员队伍。

无论是小米2，还是小米手机青春版，作为利用自媒体成功发家的企业，一直以来，小米都把自媒体放在公司规划重中之重的地位。从论坛到官方微博，再到微信、百度、QQ空间，小米一直把眼光盯在自媒体平台上，利用这些平台进行宣传、吸粉、营销。

现在让我们看看另外一个成功利用自媒体平台运营的企业。

“我是江小白”是一个白酒品牌，它是白酒品牌中真正的“屌丝”，创立于2012年8月，正是白酒行业低迷的时期。“江小白”用了仅一年的时间，在2013年便实现了5 000万元的销售业绩。“江小白”同小米一样，成功逆袭，这是因为它运用了自媒体。

可以说，“江小白”这个品牌就是为微博量身打造的，它从一开始走的就是社会化营销道路，它几乎从来不在主流媒体上做广告。从口号宣传到具体形象的设计，再到同粉丝的互动，“江小白”都在微博、微信这两个互动宣传度较高的社会化媒体上进行，赢得了众多粉丝的追捧。

小米和江小白，这两个充分利用自媒体平台运营的企业，自始至终都把自媒体放在公司的战略层面上，从产品的发布、宣传到与粉丝的互动，这大大扩大了公司的宣传力度和广度。

很多产业，如餐饮、服装、快速消费品，在线营销方式已经大行其道，因此，其网络销售平台往往就是自媒体。而对于那些目前还不适合网络营销的产业，如大型工业设备、建筑工程等，抢占自媒体的高地，树立企业良好的品牌形象，进行有效的推广，自媒体的作用也是非常明显的。在互联网时代，很多客户会把公司是否有自媒体平台作为评判供应商的重要标准。很难想象没有官方微信、微博平台，很少将网上的信息更新的企业，是一家进取的、创新的企业。

所以，在移动互联时代，无论是传统企业，还是互联网企业，都应该把自媒体放在公司的战略层面上，把自媒体作为主战场，这样才能围绕这个战场配备一支完整的人员队伍，利用团队的力量制造出符合战场的营销计划。

2. 个人的智慧不能替代企业的自媒体运营

在自媒体运营时代，企业所有者需要给自己一个清晰的角色定位，保证企业自媒体运营的独立性，不能用个人的智慧代替企业的自媒体运营。

企业自媒体运营，并非一人之力而为

企业自媒体运营与品牌建设紧密相连，而企业品牌与企业家的特点又紧密相连，品牌建设也要支持市场营销工作，因此，自媒体运营需要有一个进行科学决策的团队，根据企业品牌的特点，集中企业的优势资源，在传播和营销方面制定出有效的战略策略，面向自己的用户，进行有目的、有计划的

执行。只有如此，才能保证品牌能够在自媒体平台上得以树立。

所以，企业自媒体品牌的成功树立，是一种科学决策、精确制导的结果。而这样的结果是个人的力量所不能达到的。

企业所有者不能根据个人智慧干扰企业的自媒体运营

有些企业在进行自媒体运作时，会依据企业所有者的个人意志、想法和思维进行自媒体运营。曾经有一位信奉宗教的企业领导，每次看到好的宗教文章，就会马上转发到公司的官方微信平台，公司的微信平台成了宗教宣传的平台，虽然宗教知识和内容都是传播正能量，但是对于企业宣传却起到了反作用。

在具体操作时，有些企业所有者有了好的创意，就会让企业的自媒体运营者去实践。这样的方式，会扰乱自媒体运营者已经制定的计划，打乱自媒体运营的步骤，让自媒体运营难以按照既定目标继续下去，阻碍企业自媒体的运营。

因此，为了自媒体运营能够有效进行，企业的所有者应该明确自己的角色，知道自己是企业的领导者，不是自媒体运营官。应给予自媒体运营团队一定的自由，保证企业运营团队的独立性。除此之外，企业所有者还要约束好自己。当有了好的运营创意，应该经过科学的评估，分析其可行性，是否能够为自媒体运营带来价值，进而决定要不要实行。

相比管理者，企业所有者如果把自己定位为是一种沟通者、协调者，协助自媒体运营团队的运行，反而能够保证这个团队按照既定的轨道稳定运行，促进自媒体运营团队运作的效率，推进自媒体品牌塑造能够实现。

企业所有者的个人形象与企业自媒体形象的结合

企业所有者的个人形象应该与企业的自媒体形象相结合。如果运作得当，领导者形象和自媒体形象互相呼应可以得到积极的作用，如马云、潘石屹、王石、刘强东等一批人的个人微博、微信的推广对企业的宣传起到了很好的作用。

当然，并不是所有的领导者形象都能同企业的自媒体形象有效结合。如格力的老总董明珠。2015 年 4 月 30 日，在珠海市工业转型升级工作会议上，格力电器董事长兼总裁的董明珠在宣布格力手机已经投放市场开始销售的同时，还称“2014 年曾经有一家国内知名家电企业的领导，带来一个班子来珠海驻扎挖我们的人。知道这件事后，格力电器派人将对方打了一顿。”而之前董明珠在一次深圳卫视的访谈中，还说“要做手机肯定会超过小米”、“小米说穿了就是个投资者，不管做手机也好，还是做其他产品……而不像格力，真的是凭技术来‘做’，并且有自己的规划，要做百年企业”。

董明珠的这些话非但没有为品牌引来更多的关注，反而被网友指责“真性情也要有个度”、“格局太小”等，一下子把格力推到了风口浪尖上，引来国内 6 大主流空调品牌的声讨和众多网友的不满。

实际上，领导的类型有很多种，如孔雀型领导、考拉型领导，还有猫头鹰型或者老虎型领导。

所谓孔雀型的领导，就是展示欲望强烈，同时愿意迎合他人，重视他人的感受。考拉型的领导本身就比较低调，发表观点也较为柔和，这两种风格的领导比较容易获得大众的支持。

因此，孔雀型的领导和考拉型的领导比较适合运用个人自媒体为企业自媒体助阵。

而猫头鹰型和老虎型的领导，如张瑞敏和董明珠，相对来说，发言比较自我，对社会大众的迎合程度降低，有时会让大众产生距离感。由于这些领导者的巨大影响力，会摧毁一线自媒体人员和粉丝形成的氛围。所以，发表言论要慎重，应多考虑大众的感受。

3. 先做服务，再做营销

2013 年 3 月，广东省博物馆和微信进行合作，举办了“潮州木雕展览”，首次引入微信服务，为参观者提供微信语音导览，这成为国内首家为游客提供微信导览服务的博物馆。

广东省博物馆为展出的藏品匹配了专属的编号，在游客添加“广东省博物馆”公众号后，只需要发送展厅内藏品的编号，就可以获取相应藏品的信息介绍，这些信息包括专业讲解员的语音展品讲解及用图片和视频形式展示的藏品内容。

这种入住用户手机的“私人”讲解员，让参观者不再需要寻找专业的讲解员就可以了解博物馆中展品的历史文化背景、纪念意义等，非常方便，为参观者创造了一种新的游览体验。

在微信上，广东省博物馆也会发布与博物馆有关的信息，为游客提供信息服务。通过公众号，参观者在参观前，能够较为全面地了解博物馆，获得博物馆的第一手信息。如参观者可以随时随地了解博物馆的开放时间、门票领取方式、艺术展出信息、主题讲座、交通地址等与博物馆相关的最新动态，也可以通过微信公众账号提前预约门票等。

通过微信平台，广东省博物馆为用户提供了更便捷的服务，也为自己赢得了大批粉丝。

社会化媒体时代，用户纷纷步入了网络。微博、微信庞大的用户群体作为一座金矿，成为商家眼中的香饽饽。很多企业冲着自媒体的光明前途纷纷奔上自媒体运营之路，在微博、微信上发展自己的品牌。广东省博物馆就是利用微信这个公众社交平台放大了自己的服务，让所有参观者都体会到广东省博物馆的人性化的服务。

企业热衷自媒体是为了更好地营销，消费者聚集在企业的自媒体之下又是怎么想的呢？他们为什么会去关注企业的微博、微信？

消费者关注企业微博是服务驱动

用户关注企业的微博、微信，大多数情况下是带着问题来的，是冲着服务去的。根据相关调查显示，多数消费者希望企业微博能给他们提供及时的客户服务，帮助他们解决咨询、求助、抱怨、投诉等问题。其次便是获得一些优惠信息和商品信息。可以说，消费者迫切地需要在微博上享受服务，和企业进行沟通。消费者是不会围着一个服务跟不上的企业打转的。

虽然不少企业意识到这一点，但是并不是所有的企业都能做好。

有的企业把自媒体平台变成了无生机、无活力、只会说不会笑的营销平台。有些企业也创建了自己的官方微博、微信，不时地发广告、发软文，一门心思想着卖产品、拉销量，将自媒体变成纯粹的广告牌，最终因为吸引不到用户的关注和互动而运营不起来，官方微博犹如一潭死水，成为一座信息孤岛。也有一些企业进行跟风营销，为了吸引关注，发起各种话题，或者进行各种各样的派送、优惠、促销活动，虽然引起大批的转发，吸引来的却并不是真正的用户，活动一结束，大家各自散去。下次活动则再次集结起来，没有真正的沟通互动，也没有回报，官方微博发展缓慢。

这些企业常常是营销平台没做起来，服务又落于人后。用户带着问题，留言咨询，却石沉大海，要么是毫无响应，要么是收到了询问，回应速度却缓慢，回应态度也不友好。

做自媒体，最重要的是要让消费者看到你的热心和真心。而一颗服务客户的初心，是保持用户忠诚度和活跃度的一大妙诀。用户期待的是一个态度诚恳的企业，真心实意为用户着想，认真对待用户的需求、回应用户的需求、为用户提供超乎期待的服务的企业自媒体。真诚的服务胜过任何促销优惠活动；做好了服务，即便没有优惠促销，也能保有口碑，用户也不会选择转身离开。

对于企业自媒体来说，服务用户永远要先行一步，时刻为用户着想。企业进行自媒体运营时，要将注意力回归到业务本质，从客户的需求入手，搭建实实在在为客户解决问题、为客户带来方便、为客户提供有价值的服务平台。当你的企业微博能够以客户为中心，诚恳而热情地面对客户，为客户提供越来越多的服务内容，越来越有价值的服务信息，同时不断地获取用户的意见，改进自己的服务，加强用户的关系，用户自然就会关注你，依赖你，自发地传播你的产品信息。

用服务拉近与客户的距离，做好客户关系维护，就能把客户留在你的平台上。客户在哪里，你的服务跟到哪里，口碑自然也就在哪里。服务做好了，营销自然水到渠成。服务做到极致，服务就是营销。反之，没有服务的初心，营销也是白吆喝。

总之，自媒体先是服务平台，其次才是营销平台。作为企业，聆听客户的声音，解决客户的需求，为他们做好服务，做好沟通和互动，就能做好用户经营。即使是“利用”他们打广告，客户也会心甘情愿为你效劳。

4. 再小的企业也该有自媒体

自媒体提供了一种思维，也提供了一个机会：在这个廉价的平台上，运营得当，你能够获得意想不到的回报。运营企业自媒体并不简单，需要投入时间、精力和金钱。因此，在很多人看来，只有大企业，才能有一批专业的运营团队，自媒体才能被玩转。然而，事实并非如此，在每个人都能够成为媒体人的时代，再小的一家企业，都应该顺应大时代的要求，运营属于自己的自媒体。

自媒体，能够满足小企业的营销需求

传统上，小企业要获得受众关注，获得知名度，往往需要在杂志、报纸、广播、电视媒体上做广告，产生广告效果，让观众注意到自己。然而，传统媒体所带来的广告影响力有限，且无法有效地衡量广告效果。而广告成本对于一些小企业来说更是一种额外的负担。

从这一点出发，自媒体则为小企业解决了这个难题，它是小企业进行自我传播的平台。小企业可以小成本地借用微博、微信，搭建属于自己的发声平台，锁定自己的目标客户，成为自己的传播者。而一旦做好了产品，客户服务到位了，营销策略正确了，与客户在线上和线下进行良好的沟通和互动，便可轻松地在客户群体中形成一定的口碑，提升实体店的聚客能力，知名度也将进一步提升。

黄太吉的煎饼，它只是一个小企业，却做到了高大上，成为不少大企业的模仿对象。

传统的煎饼果子推着车子，在街边摆摊。而黄太吉则有单独的店面，精致的装修。除了外观上的高大上之外，黄太吉的营销思想也足够新潮。它颠覆了传统行业的思维，利用自媒体，制造客户“围观”，制造媒体“话题”，借助网络的力量做各种各样的线下活动，同客户形成了一个圈子和社区。黄太吉用心做自媒体，把产品、品牌、消费者、口碑有效地连接起来，让品味、趣味、人情味融合，从而形成了一个向上的螺旋式的互动影响力。如今的黄太吉，代表的是品牌，也是一种思维。

自媒体是一个廉价的传播平台，可以服务于企业，服务于产品。无论是在网络上树立起企业的品牌和形象，乃至建立口碑，为企业培养其产品的忠实粉丝，对于企业的长远发展都非常具有价值。

自媒体，能够拓展小企业的发展空间

有了平台就有了发挥的舞台，也就有了一试身手的空间。传统的小企业在与大企业的竞争中，资源不够，实力不够，常常受到挤压，处于劣势，发展受限。当用户涌入网络，自媒体便为你提供了市场机会。为你提供廉价平台时，也就为你提供了发展的空间。小企业尤其要把握这种机遇，资源实力跟不上，就要利用好机会进行补强。一个企业能够发展到什么程度，关乎策略。小企业不必拘泥于自己的不足，要充分发挥自己的学习能力，以长远的眼光，寻找成长的机会，在自媒体的时代一试身手。

在社会化媒体盛行的当下，无论是微博营销，还是微信营销，都为小企业提供了一个良好的发展契机。小企业要把握机会，整合有力的营销资源关系，为企业的发展拓宽道路。

自媒体团队的建立

自媒体可以单打独斗，也可以团队合作。对于企业来说，成功地运营自己的自媒体，需要打造一个运营团队，用团队的智慧打造一个强势的自媒体。

一般来说，自媒体团队应该由下列成员组成：

1. 整体的架构师，这个人必须具备跨界的知识能力，集IT、广告、美工、产品知识、企业文化、沟通协调等能力于一身。

2. 文案编辑，具备强大的写作能力，能够快速将创意变成文字。

3. 美工

4. IT 支持

当然，一个人可以把所有的活儿都干完，但前提是你得是个全能人才。如果你就是这种全能人才，恭喜你，你具备了高薪的条件。

1. 让员工成为粉丝，让粉丝成为员工

企业自媒体运营需要的是活跃的用户和忠诚的粉丝用户。对于企业来说，无论是多么专业的团队，都需要一群有热情和爱好的群体作支撑。

自媒体运营最忌唱独角戏。企业需要的是玩得有热情的团队，带动有相同爱好的人一起玩。在这个团队中，每一位成员既是企业的员工，又是企业

的粉丝。让员工成为企业的粉丝，帮助企业推广自媒体，需要一个前提，就是员工对企业有很高的认同感。通常情况下，一个人性化的管理环境才能增强员工的参与感。

在这一点上，谷歌公司做得很出色。

谷歌公司是最早以高福利、高人性化而闻名的互联网公司。在没有微博、微信的时代，谷歌员工经常能够设计出一些优秀的文字小段子或者视频小段子，在网上广为流传，而谷歌办公室的照片更是被员工不断转发。谷歌中的每一位员工都是自己公司和产品的粉丝。

互联网公司中，玩转粉丝的有谷歌和小米，而在传统企业中也有做得好的公司，如西门子公司。

西门子公司的薪酬在行业中公认不是最高的，但是却有着同类公司中最高的员工满意度。在西门子公司，有很多工作了6年、8年、10年，甚至20年的员工。西门子对员工的态度可以通过一件事来体现。

2006年，西门子的手机业务发展受阻，被迫将手机业务卖给明基，但是卖给明基的时候，西门子却付给了明基公司3.5亿欧元，目的是让明基在3年内不能裁员，也不能将手机业务的中心搬离德国。这种做法很大程度上凝聚了员工。

西门子不仅建立了对外的公共微信号，方便联系用户，还为员工建立了内部的公共号，这样让员工更清楚地了解公司的业务发展和进度。

无论是谷歌还是西门子都在告诉我们，在自媒体时代，要让自己的员工成为粉丝，让粉丝变成员工。

如果员工不是粉丝，就很难做出让粉丝着迷的自媒体品牌。对企业无爱的员工，培养的也只是对企业无爱的用户。而如果粉丝不能成为员工，就很难与企业一条心，他们很容易转换自己的目标。反之，粉丝成为员工，粉丝会为企业的自媒体品牌建设不遗余力地贡献自己的智慧。

让员工成为粉丝，把粉丝变成员工，其实是一种换位思维，粉丝更懂粉丝，粉丝和粉丝的认识更容易形成统一。对产品的热情是具有感染力的。有着相同爱好和价值观的人能够相互吸引，活跃的运营团队常常能够形成活跃的社区。

如果企业的员工是企业的粉丝，他会想方设法把更多的用户变成自己的同类和朋友。在运营自媒体时，就不会只是简单把用户放在嘴边，而是在和用户的接触交流中，用心关注客户的需求，在交友的场景下服务用户，真心为用户服务，将用户作为伙伴，建立彼此的信任关系，把用户变成真爱粉，形成一个有爱的社区。

如果企业的粉丝是企业的员工。他们将更忠诚于企业和品牌。为企业品牌的发展贡献自己的力量。他们会为企业出谋划策，会向企业提供更准确、更全面的用户信息，让企业的产品和服务更打动人心。

2. 一个好汉三个帮

企业自媒体除了需要专业的自媒体运营咨询师献计献策和必要时企业领导者助力外，还需要员工自媒体的配合。所谓“一个好汉三个帮”，“三个臭皮匠顶个诸葛亮”，员工自媒体对企业自媒体而言也非常重要。

一般的，企业自媒体代表的是一个品牌、一个团队、一个企业。这就限定了企业自媒体不能有太负面的情绪，要足够客观化，但是，员工自媒体不受此限制。员工自媒体代表的是个人，个人出现负面情绪也属正常。同时，由于企业面向的是大众，要对大众负责，不能发带争议的段子，让粉丝讨论。然而，代表个人的员工就可以。企业自媒体不好在平台上攻击竞争对手，但是员工自媒体可以；企业自媒体不能做的，员工自媒体可以……

从这些方面来说，企业自媒体和员工自媒体可以很好地结合在一起。

2012 年 1 月，在百度年会的 T 台秀表演中，员工李冬的照片走红网络，被网友封为“度娘”。短短几个小时，李冬的粉丝涨到 148 845 人，微博被转发上万条。

2013 年，“度娘”离职。在众人惋惜的时候，百度的另一位貌美员工——语希范成为新一代的“度娘”。语希范是手机百度的程序员，其在手机百度 4 亿用户庆祝会上，引得众人的围观和关注，微博粉丝也是暴涨。

语希范经常会在自己的微博上发布生活中的卖萌照、工作中的状态、工作内容和团队情况，为自己赚人气的同时，从侧面也为手机百度做了宣传，提升了百度的品牌形象。有不少人积极地关注手机百度，甚至向手机百度投递简历，渴望能同这位女神朝夕相处。

从百度“度娘”的案例中我们可以看出，员工自媒体也是企业自媒体一个有力的宣传工具。员工的粉丝也可以有效地转化为企业的粉丝。

企业做自媒体可以以组织的形式实行，也可以以个人的形式实行。毕竟，每一个员工都是一个自媒体，都可以作为一个宣传的途径。技术人员可以打造属于技术的自媒体，财务人员可以打造财务自媒体，管理人员可以打造管理领域的自媒体。这除了可以为员工带来个人品牌上的效益之外，更可以促进企业品牌的成长。

虽然，我们在这里倡导员工自媒体带有个人性质。但是，员工自媒体也要有原则，企业也要进行一定的管理。如员工自媒体的ID可以不带企业或者品牌的名称，但是，在内容的发布上要带有企业，如团队的氛围、品牌精神、品牌故事，必要时维护企业的利益，恰当地为企业做宣传等。

不过，员工做自媒体也带有负面的影响。如员工不恰当的言论多少会影响到企业，做自媒体的员工风头太劲可能会使人员流失，做自媒体容易分散工作精力，等等。这些问题，企业都要考虑在内，这样才能最大限度地发挥员工自媒体对企业的宣传作用。

3. 企业自媒体营销常见的问题

很多企业为赢得新客户、巩固老客户、拓展品牌知名度而投入到自媒体营销中。然而，往往是一番营销下来，效果却惨不忍睹。

这样的结局往往是因为营销中出现了以下问题：

第一，普通网民 = 目标客户？

做餐饮的要接近爱美食的人，做手机的要接近爱科技的人。

很多企业不了解市场，不了解目标群体，这样就很难进行精准营销，而只是进行盲目的营销。企业要清楚自己的目标客户群是谁，找准对象，而不是盲目地发布信息。

营销要跟着目标客户走，隔空喊话，喊不对人就是白吆喝。让目标客户群听到自己的声音，看到自己的身影，拉近自己与用户的距离，和用户建立良好的、持续性的关系，组成互动的社群，形成一个圈子，才是企业自媒体运营的王道。

第二，推送内容 = 产品广告？

有些企业在自媒体平台上发布的内容，普遍存在一个问题就是打开率很低，直白来说就是没人看。

为什么没人看？

因为全是企业的软文广告，充斥的是企业产品信息。虽然找专人负责自媒体营销，按时按点发布信息，为了吸引关注频繁更新优惠活动，但是内容不新鲜，客户维护起来就很难了。

没有多少用户会喜欢查看那些自卖自夸、自说自话的企业自媒体内容，用户对这类企业的态度大多是转身离开。

对企业来说，自媒体运营是一种内容运营。即使自己成为发声者，成为信息内容的传播者，营销活动也不可以太商业化，把自媒体内容做成产品展示台。这样的内容如果不是有价值的、让用户感兴趣的内容，很难把用户留在企业平台上。

第三，粉丝数量 = 粉丝价值？

很多企业死磕粉丝数和信息转发数，用各种营销手法吸引粉丝，却疏于粉丝价值的挖掘。

以企业微博来说，增加粉丝并不是难事，这些粉丝中，有虚假的粉丝，也有真实的粉丝。有些是你的潜在用户，有些则不是。粉丝的数量并不能决定粉丝的价值，如果企业不能有效地挖掘粉丝的价值，庞大的粉丝群其实并没有实际意义。以微信来说，有些主动订阅的用户，往往是真实的、潜在用户或已有的客户，一对一的互动关系下，与那些潜在的用户互动，留住他们将其转化为真实用户。

企业要时刻记住，自媒体下的粉丝不全是你的用户。企业要找准目标客户群，发布有价值的信息，与有价值的粉丝互动。

当然，企业在营销时，营销的外在形象要好，内容要好，服务要好，既要考虑顾客的服务感受，还要注意说人话，接地气、有标签，有个性，形成自己的风格和魅力。这就关系到企业自媒体团队的营销水平了。

4. 企业的自媒体运营策略细节

今天，很多企业都围绕着自媒体转，然而，若想成功运营自媒体并不简单。企业的自媒体运营在策略上需要注意一些细节问题。

细节一：注重粉丝的力量。

企业的自媒体营销靠的是粉丝的力量。粉丝经济对企业的自媒体运营起着关键作用。企业在借助自媒体平台运营的时候，需要粉丝的关注和互动，这样才能达到营销的目的。

细节二：打造一个灵魂人物。

在企业的自媒体运营中，灵魂人物非常关键。企业在微博或者微信平台上要想吸引粉丝的关注，必须要打造一个灵魂人物。这个人物充当的是意见领袖，对粉丝的行为产生一种导向作用。如小米的雷军，他就是小米的灵魂人物，很多粉丝因为他而聚集在一起。

作为灵魂人物，要在自媒体平台上有一个与众不同的账号，要与粉丝互动，发表文章，让粉丝持续关注。

细节三：在平台上注重人脉关系的维护。

在自媒体平台上，人脉链传播是最主要的传播方式。粉丝影响粉丝，如果这个粉丝又拥有自己的粉丝群，这种传播范围是被无限放大的。对于企业，要在自媒体平台上注重人脉关系的维护，为平台聚拢有价值有力量的粉丝。

在这里，需要企业站在粉丝的角度考虑问题，从粉丝的利益和价值出发，在自媒体平台上发布对粉丝而言有价值的内容，让粉丝心甘情愿地帮你宣传推广。

细节四：打造多个媒体传播推广渠道。

企业在运营自媒体的时候，一定要保证粉丝的活跃度和增长量。要想达到这个目的，企业一定要打造多个媒体传播推广渠道，这样才能吸引更多的粉丝。

小米的吸粉道路就是这么走过来的。小米为了快速增粉，不仅利用微博获取粉丝，还通过微信平台、QQ空间、官方论坛等获取粉丝。多个渠道传播和推广，为小米聚集了上百万的粉丝，一有新动态、新产品，才会赢得远远高于线下宣传的效果。

小米的经验告诉我们，一定要在多个自媒体平台上吸粉。一般情况下，刚开始运营自媒体平台账号的时候，粉丝的活跃度很高，增粉的效果很明显。但是，一段时间之后，粉丝的活跃度开始降低，想要增加粉丝也就不那么容易了。如果企业只有一条自媒体传播推广的渠道，很难吸引到更多的粉丝，很难实现产品的大范围推广。

细节五：有资源共享的认识。

如果企业与粉丝的利益与共，那么粉丝就是企业最忠实的拥趸。企业在自媒体运营的时候，要有资源共享的认识。不能自己独享平台资源，要把资源让所有的粉丝都了解，这样才能让粉丝对企业的平台更加忠诚，更努力地维护自媒体平台。

自媒体运营官——用最严肃的态度去“玩”

自媒体运营官（Zoomedia Marketing Officer）是互联网时代下的一个新岗位，其工作任务是负责企业自媒体的运营和自媒体团队的建设。

1. 自媒体运营官的角色认知

有一句话说：“1 名 ZMO 就等于 100 名优秀的销售人员。”这 1∶100 的比例充分说明了一名自媒体运营官对企业自媒体运营的重要性。一个成功的团队离不开一位好的领导者，企业的自媒体运营团队同样离不开一位优秀的自媒体运营官。

花钱的压力

自媒体营销是一件烧钱的事?

很多自媒体运营官在进行自媒体营销时，所保持的观念是：做自媒体必须要花钱，同时还要花很多钱，如此才能把传播的各个环节打通，为企业吸引更多人的围观，为企业带来更多的营销利润。

于是，很多企业自媒体运营官花很多的钱买粉，花很多的钱做活动，做优惠；花很多的钱做形象，做传播。可是，钱是花了，并没有达到实质的效果，自媒体运营依旧乏力，连带运营官自己都对自媒体的价值感到失望。

烧钱营销是一种旧观念，缺乏的是一种科学的思维。自媒体营销中，虽然不花钱难以接近自己的用户，但是，无目的性的大笔烧钱，却不对钱的流向、花钱的效果进行科学的运作和评估，这样也不能为自己带来相应的营销价值。

自媒体营销是用自己的媒体来宣传自己，借助的是自己的头脑。可以说，自媒体运营是一个技术活，同时也是一个脑力活。脑力是一种生产力，可以节省营销成本。我们看那些营销大玩家们，花样翻新，用低成本带来好效果，往往是善用策略，善用技术，善用手法，充分发挥脑力的结果。即便他们是大笔烧钱，但是烧出的钱都转化为了更大的商业价值。

所以，自媒体运营官一定要明确：自媒体营销不是盲目烧钱，而是要充分发挥脑力思维，进行科学运作，把钱用在刀刃上，确保花出去的钱能为企业创造更多的营销价值。

2.“玩”的背后是科学的运作

企业的自媒体运营要保持一种娱乐精神。作为自媒体运营官，要有“玩”的心态。当然，这里的“玩”不是无所事事，其背后是运用科学的手段对自媒体运营的把控。

客户如何受影响

客户是企业营销的受众。企业的任何一次营销策略都不能脱离受众。在自媒体时代，企业都渴望占据自媒体的制高点，吸引客户，留住客户。

自媒体运营官想要影响客户，一定要了解自媒体时代下客户的心理，对其心理进行分析，才能找到突破口。

第一，主体意识增强。

在自媒体时代，受众除了主动地、有选择性地选择媒体平台外，还带有强烈的参与需求。他们主体意识的强烈，促使他们更加频繁地通过各种途径表达自己的看法和意见。他们渴望参与其中，积极地充当媒体的发言人。

第二，娱乐、好奇心增强。

生活节奏的加快使现代人承受着巨大的心理压力，他们渴望接受一些轻松、娱乐的内容，一方面缓解压力，另一方面丰富自己的生活。同时，由于网络的发达，使得受众对新鲜事物的渴求度越来越大，通过各种社交平台接触更广阔的外部世界。在这种情况下，受众的娱乐和好奇心得到空前的高涨。

在了解到受众（客户）的心理之后，自媒体运营官还要紧紧地抓住他们的这种心理，对其进行影响。

因为受众的主体意识增强，这个时候企业自媒体就要重视用户的参与需求，向他们兜售参与感，通过微博、微信、企业官网等多个平台让用户参与其中，与用户进行积极的互动，满足他们的参与感。同时，在内容的发布上也要对准受众的胃口，向受众提供令他们满意的内容，增强他们的体验感。

人对于权利的态度

在权利的问题上，人天生就有一种抵触心理。因此，人们喜欢表达，喜欢评论，喜欢调侃，喜欢嘲讽。

在马斯洛的需求层次理论中，人类的社会需求体现在倾诉表达和炫耀中，这可以很好地满足人们的被关注需求、尊重需求，对有些人而言，可能就此实现了自己的价值。

现在微信之所以会火，是因为它集“即时通讯”和“展示炫耀”两者功能于一体，能够满足人们的社会需求。

从这一点来说，自媒体就是人们对权利抵触的一个很好的工具。

我们再说一下“作家崔成浩”的事情，他之所成为微博中的大奇葩，是因为他给人们提供了一个调侃政治的场所，让人们找到抵触权利的出口。

企业做自媒体就要抓住用户的这种心理，给他们提供一个畅所欲言的平台。

社会广泛传播的要素：娱乐、情绪、利益、求知、大事件

从传统媒体到自媒体的顺次更迭，不同形式的媒介在人们争取话语权中的作用不同，传播信息的渠道也各不相同。信息的广泛传播需要很多因素，这其中离不开信息本身的娱乐性、情绪性、利益性、求知性和大事件。

第一，娱乐性。

如今，越是娱乐新闻越是容易上“头条”，也越容易被人们传播。明星绯闻易吸引大众眼球，受到人们关注，如马伊琍和文章在微博上的“周一见”，话题量一度破亿，瞬间引起网友的传播，无论干什么，大家都会提到“周一见”。

第二，情绪化。

自媒体自身的传播特质使其易被接受，具有强大的影响力。但是由于个人的认知水平不一样，有些人只看到事件的表面就利用自媒体大肆宣扬，情绪化的内容往往误导群众而引起广泛讨论。如周立波和网友在微博中因为意见相左而掀起骂战，大量话题引起网友的转载和讨论。情绪化的信息被别有用心之人利用会变成谣言，如果被广泛传播就会带来不良影响。

第三，利益性。

自媒体时代信息被广泛传播，有一部分来自自媒体上的各种赚钱途径。在自媒体时代，很多新兴媒介如博客、微博和微信等既可以用来赚钱又可以用来传播信息。企业选择雇佣粉丝量万人以上的网络“大咖”，又或者是那

些想要通过互联网赚钱的网友，宣传或者帮助发布信息，那些利用自媒体传播信息的网络“大咖”月收入都能轻松过万。

第四，求知欲。

在自媒体中传播信息，有一部分来自于人们对新知识的渴求。网络信息五花八门，很多内容都是网民不知道或者不熟悉的领域，这恰恰引起人们对这些领域的探求，如养生、风水和天文知识，这些平常接触不到但又想要了解的内容，往往会被网友传播分享，既可以丰富自己的知识又可以增长见识。

第五，大事件。

大事件永远是吸引眼球最多的地方，越是大事件，传播的速度越快，传播的范围越广。如 2015 年 4 月，“毕姥爷”酒桌事件可以说是 4 月份备受关注的一件事。这个事件一出，各大网站、媒体争相报道，让“毕姥爷”获得了一次最大的关注。有的人甚至把《最后的晚餐》搬出来，还原“毕姥爷”酒桌上座位，指认凶手。而有的商家看中了这个事件背后的商机，在微信上称“毕姥爷”喝酒的地方是北京的“某某宫”，还列出了很多酒店的照片。这是典型的借势营销，借“毕姥爷”事件做宣传。

自媒体时代，很多新兴媒体展现出更灵活、更迅捷、更综合的媒介特点，它使传播者范围扩大，受众数量激增，也使传播内容更加多元化和个性化。

定向引爆技术——4C 自媒体策略

企业的营销一般用“4C 营销理论”。所谓 4C 是指市场营销组合的四个要素：consumer——消费者，cost——成本，convenience——便利，communication——沟通。要求企业在进行营销的时候，要把消费者放在第一位，然后努力降低消费者的购买成本，注重消费者购买的便利性，同消费者进行有效的沟通。

“4C 营销理论”在自媒体营销中很重要，它一切从用户出发，符合自媒体以用户为中心的策略。

下面，我们看一个案例。

2014 年春节，湖南卫视的亲子秀节目《爸爸去哪儿》的贺岁版电影在春节上映。这部影片创下了 7 亿元的票房纪录。单从票房而言，很多人会猜想，这应该是部大投入的电影。然而，《爸爸去哪儿》电影只花了 5 天的拍摄时间，预算成本也只有 5 000 万元。低投入大回报，这除了归功于前期亲子纪录片的超高人气之外，还要归功于自媒体。

在还没有进入拍摄的时候，《爸爸去哪儿》剧组就在微博上发起了关于是否由原班人马出演的讨论。在两天的时间里，微博的讨论量就达到了 3 万，参与讨论的网友都表示希望原班人马出演。这次讨论除了了解到网友的想法之外，还给《爸爸去哪儿》电影做足了广告，让很多人都在期待中等待。

在电影的宣传上，《爸爸去哪儿》更是在自媒体平台上做足了宣传。《爸爸去哪儿》的综艺节目在其官方微博上有“爸爸去哪儿大电影官方微博”，湖南卫视的综艺节目《天天向上》、《快乐大本营》、《百变大咖秀》等官方微博也为电影进行宣传，五位星爸们的微博也为电影做宣传。《爸爸去哪儿》电影的微博宣传形成一个强大的阵容，在微博上与粉丝充分互动，最终使得这部电影在宣传投入上比其他电影要少很多。

同时，为了方便观众购票，《爸爸去哪儿》电影在购票的方式上有电影院购票，也有网络在线购票，并且票价不一样。而放映日期选择在大年初一这个合理档期，让全家人一起观影，更符合春节一家团圆的传统。

《爸爸去哪儿》电影的自媒体营销符合 4C 的营销策略。借助微博这一自媒体平台，了解粉丝的需求。因为用自媒体平台进行电影宣传，在起到好的宣传效果的同时，降低了电影的投入成本，从而也节约了观众的成本投入。同时，线上线下不同的购票方式，让观众购票、观影更加方便，满足了观众的便利需求。而不同微博账号在微博上与粉丝的互动，又使得剧组与观众之间达到很好的沟通效果，更能满足观众的需求，为电影吸引到更多的粉丝。

经典的并经过实践考验的营销技术适用于任何时代。作为企业的自媒体运营官，就要同《爸爸去哪儿》的运营团队一样，充分掌握营销的技术。这样借助自媒体平台，有技术、有目的，符合时代要求和用户需求的自媒体运营必然能够给企业开启盈利模式。

Chapter 3

人人都在说，说给谁听?

自媒体时代，企业在说，个人也在说，作为企业自媒体的运营官，需要明白：我们说给谁听？谁说给我们听?

玩的就是**自媒体**

开场案例

在2014年财务信报评出的“十大财会人物”中，马靖昊入选。作为玩转会计界的大V，马靖昊的自媒体是会计界最大、最有名气的一个。作为著名的财会专家，马靖昊本人就是一个名人，他出版的《玩的就是考试》成为会计考试必选的辅导教材，其创立的“思维导题法”被人追捧，更被人称为“应试智力游戏的魔术师”。

在自媒体发展如火如荼的时候，马靖昊也玩起了自己的特长领域——自媒体。

2011年2月，马靖昊开通了微博“马靖昊说会计”，语言幽默，内容深入浅出，独特的授课方式受到众多粉丝的追捧，新浪微博粉丝迅速过百万。后来开通的微信公众平台的粉丝也30多万，其粉丝数量在会计行业无人能比。

马靖昊的自媒体，面向的目标群体只有一种：会计或对财会感兴趣的人群。也只有这样的人群，才能成全他的自媒体。

目标客户群才是你的听众

不少企业在运营自媒体的时候，会存在这样的困惑：我的目标客户群是谁?

这是企业在营销活动中，一定要面临和解决的首要问题。

对于企业的自媒体运营来说，目标客户群才是你的真正听众。我们所能做的，就是发现他，找到他，影响他。

如果你的目标客户群体是30~40岁的科技男，那么吸引他们的是科技金融；如果你的客户群体是年轻女孩，那么没有比星座、血型更能吸引她们的了；如果你的客户是50岁的民营老板，帝王、历史也许会令他们感兴趣。正如开场案例中，马靖昊的自媒体的客户就具有很强的针对性，那些客户才是他真正想要影响的人。

1. 物以类聚，人以群分

人们因为有着共同的爱好，所以聚在一起，形成一个相似的群体。

人作为社会型的生物，需要圈子和归属感，因此，人对群体有种奇特的感受，无论是现实还是虚拟世界，人们都必须找到一个归属的群体。群体最核心的内容是大家有共同的价值理念，从表象上体现的是大家有共同的行为方式，共同的语言。

现实生活中，人们会因为共同的爱好聚集在一起，彼此交流，沟通感情。在互联网上，有着相似的喜好和价值观的人也会聚集在一起，形成一个有着差异性特点的族群，活跃在某个特定的平台上，讨论着共同的话题。如军事爱好者会聚集到各大军事论坛，科技爱好者会聚集到各大科技论坛，文艺爱好者则可能会聚集到豆瓣上。

正所谓，物以类聚，人以群分。对于企业自媒体来说，想要吸引你的目标客户群，就要拥有属于自己的优势，作为最有价值的闪光点，聚集起目标客户群。而要聚集起一个群体，就需要为他们创造一个共同的追求。

用户群类似于网络中的游鱼，他们成群结队，游弋在自己喜欢的区域内。有时候，看起来这是一种自我的选择，其实也是一种兴趣、爱好、价值观所引导的结果。因为兴趣爱好就像吸引用户的鱼饵，提供了满足用户兴趣爱好的平台，或是为他们创造了一种新的喜好，让他们围绕着这种喜好凝聚在一起。

所以，对于企业来说，如果能够创造一种价值，一种带着闪光点的价值，这种价值能够为企业吸引到有价值的用户，并把他们变成企业的粉丝群。

很多企业都知道，如果品牌带上闪闪发光的价值点，去追逐目标客户群，进入他们的阵地，打入他们的组织，就能够影响他们，把自己的品牌变成他们的喜好。所以，企业要进入自己用户群喜欢的兴趣区域内，找到他们，用他们喜欢的方式，和他们探讨共同的话题，用自己的独特价值点吸引他们，和他们打成一片，把他们变成自己的粉丝。

在这方面做得最好的就是小米。小米把自己宣扬的产品变成一种概念、一种价值，把小米变成了用户的喜好，并把这种喜好变成一种风潮。

小米营销时，会在各大平台上开展活动，营销自己的闪光点和独特价值点，和自己的目标用户群进行深入交流，在互动中相互影响，把一个陌生的群体转化为熟悉的族群，形成联系紧密的社群。如此，就把大批喜好相同的群体变成了小米的粉丝，让他们把小米变成了自己的爱好，因为这种爱好而共同发烧。其结果就是，他们成了小米的朋友，成为小米的深度用户，为小米带来了无限的价值。

同是科技产品，苹果的果粉，IBM的黑粉，都是用产品、品牌的价值内容吸引大批同好群体，让他们共享相同的话题，让他们对品牌有着共同的追求，在这样的过程中，企业的产品、品牌也就成了用户的喜好。

所以，企业做自媒体，要思考如何定位自己的用户群，如何在网络中发现他们的分布区域，然后进入用户的兴趣区域，找到自己的客户群，用自己的特点把他们集聚在一起，把他们凝聚为一个品牌族群，把自己变成他们的爱好。

2. 你的目标群体是谁?

做自媒体，明确自己的目标群很重要。

所谓目标群，与自己产品的目标客户群直接相关。你的产品决定了你的目标客户群，你要影响的是对你的产品有需求的人群。所以，自媒体的目标客户群，其实是产品直接针对的目标群。

对于企业来说，明确自己的目标群，才能避免乱抓一把，在糊涂中摸索前行。这种对目标群的明确包括：明确自身的目标群是谁，知道他们是什么样的，他们分布在哪里，这样才能对自己的目标群有一个总体的把握。

明确自己的目标群就是明确你的自媒体想要影响谁。

做自媒体不是一种单方面的行为，你要面对自己的用户。了解你的目标群是谁，是什么样的，你才知道该用什么方式走进他们，影响他们，把他们带到你的平台上，把他们变成你的产品追随者。

下面是一位英国网红少女的案例。

英国有一位视频博主zoe sugg，她推出的《girl online》一书，打破了《哈利·波特》的作者J. K. 罗琳作为出道新作家时的首周作品销售纪录，成为英国最畅销的新人作者。zoe sugg的新书为什么那么成功呢？并不是因为她书的影响力很大，而是因为她个人的网络影响力。

zoe是youtube上非常知名的视频博主，是一位知名的网红少女。网名为Zoella的她在youtube开设的个人频道以介绍美妆时尚打扮为主题，介绍彩妆、美发、居家、生活、烹饪、搞笑等内容，吸引了百万同她一样的爱美、爱玩的年轻订阅者。

zoe的目标群很明确，就是和她年龄相仿，甚至比她小的年轻少女。她影响的也是和她有着同样喜好的人，喜欢潮流、时尚，喜欢美妆打扮的青少年女孩。所以，她的自媒体内容非常符合这个群体的特点和喜好。

对于企业来说，需要对目标客户群做一个详细的分析，从而明确自己的目标群。

这需要了解他们的兴趣爱好、性格特征、需求特点等内容，才能帮助企业做自媒体时能够更有针对性地进行内容运营，知道以什么样的方式影响用户，把用户吸引过来。

在zoe的案例中，zoe的目标群分析起来很简单，她们的兴趣爱好和需求也很简单。这类年轻群体喜欢让自己变得更漂亮，更加与众不同，所关心的话题也是年轻女孩所喜欢的东西。而zoe的平台为她们提供了她们喜欢的东西，让这群有着相同爱好的群体聚集在一起，形成了她们的圈子。

企业了解了自己的目标客户群，除了了解以上内容之外，还要知道他们的活动区域，他们分布在哪些平台上。

企业自媒体的目标群会因为性别、年龄、职业特点、教育水平、消费能力、兴趣爱好等的不同而具有不同的特征，从而使得他们在网络上根据自己的爱好，散布于不同的区域，分布在不同的平台。这时，企业需要了解目标群的活动范围，他们分布在哪里，到哪里能够找到他们。

zoe 的自媒体是在 youtube 上进行的。而 youtube 是世界上最大的视频网站，上面聚集了很多年轻、时尚、新潮的人士。zoe 在她的个人频道上发布个人视频，便吸引到很多和她类似的人。

因此，企业在运营自媒体的时候，首先就要明确自己的目标客户群是谁，了解他们的整体特征，识别他们的活动区域，如此才能在自媒体运营中做到知己知彼，在操作中做到有的放矢，从而达到事半功倍的效果。

3. 情怀——“我”时代群体认知

“我”时代是一种“我主张”。对于企业来说，在“我”时代，就是用户至上，用户才是焦点。如果不了解用户的需求，忽视用户的喜好，那么不但会错过用户，同时也会错过市场。

在互联网时代，我们已经熟悉了“我时代”的一些想法和认知，因为“我”已经深入到了我们每一个人。如“别人想什么根本不重要，最重要的是取悦你自己”，“我有我的选择，我要我的个性”，“以我为主，我就是我”，“相信自己，没什么不可能”，“我的地盘，听我的”，“我就是我，我为自己代言”……

什么是“我”时代？

“我”时代（Generation Me）的概念是由女学者 Jean M. Twenge 第一个提

出并定义的，在她的关于“我时代”的研究报告中，她这样描述“我”时代的群体特征：以自我为中心、藐视权威、缺乏责任感、展现出前所未有的自信与决断，可是却又前所未有的不快乐。这种群体整体都在说明一个问题，就是一种自我意识的彰显。

在自媒体时代，这种“我”表现为，人们跟从自我，选择一种自由的方式，进行一种自由的选择，标榜自由，标榜自我。从我出发，从精神出发，从价值出发，进行我的选择。

时代快速变动，快速更新，现实中的每一个人都在调整自己的步伐，加快节奏，同时人们快速地更新自己的观点和看法，不断追求新鲜和刺激，追求更新、更好、更多的快乐。个性、新鲜、快乐、价值，已经融入当今的年轻群体的生活，成为他们的普遍坚持。

“我”时代，意味着要跟随“我”的需求，跟上“我”的节奏。

其实，“我”时代的群体认知就两个字——情怀。

“情怀”是群体认知的重要表现，是群体所有的情绪感受，不为其他人所理解，建立了情怀，就使得群体认同感大幅增强。企业做自媒体，就要做出粉丝群体的情怀。从用户的需求出发，从用户的爱好着手，跟随用户的追求，适应用户的口味，无限地接近用户，满足客户的情怀。

如罗永浩的“锤子手机”，性价比被小米甩出了几十条街，但还是获得了好的销量，这是因为他给粉丝塑造了一种情怀，提高了群体的认知感。在打造锤子手机的时候，罗永浩就宣称，“锤子”代表了他工匠的情怀：认真、细节、品质。他的这些情怀只有他的粉丝群能懂。在他的粉丝看来，买锤子手机，是为了一种情怀。罗永浩用情怀卖锤子，如果没有他所宣扬的这种情怀在，锤子手机恐怕很难成功。这就是罗永浩的成功之处，他善于为粉丝创造一种情怀，用情怀把粉丝圈在其中，找到了与他人不同的一种认知。

罗永浩的锤子手机告诉企业，做自媒体，要做出一种情怀。这更容易吸引到目标客户群，更能满足目标客户“我”时代的需求心理。

4. 你的自媒体充当什么角色？

你的自媒体充当什么样的角色，指的是企业对自媒体的自我角色定位，是企业自媒体的一种自我认知和自我角色设定。简单来说，这种角色关系到，你打算用你的自媒体来做什么？面对你的用户时，你要为他们提供什么？

自媒体充当的角色不同，与用户群之间形成的关系就不同，自媒体的价值能够发挥到什么程度也有所差异。所以，企业在进行自媒体设定时，要注意以下几点：

第一，进行自媒体角色设定，关键在于以用户为出发点，思考自媒体能够为用户创造什么样的价值。

自媒体用来做什么呢？

一般来说，自媒体可以做成品牌社区，做成客户服务平台，做成产品展示的销售平台，然而，真的要让品牌走入客户的内心，其实最基本的还是把自媒体作为一种沟通和服务方式，把自身的角色定位为客户提供服务，为客户创造价值的平台。

以微信来说，很多企业的自媒体其实没有定位，只是以微信公众号的方式表现自己的自媒体的存在，和其他企业一样，延续同样的模式，定位一种无形的概念，向客户宣传自己的独特价值、品牌的精神理念等。有一些服装品牌利用微信平台来说自己的故事，用故事来感染目标客户群，希望用一种软性的方式把顾客吸引过来。然而，这种方式其实还是一种传统的营销手法，在做自媒体运营时，效果不明显，手段也已经不大适用了。这是类似于一种自说自话的单方面的角色设定，是一种企业“以我为主，从我出发”的理念。从我出发下的角色设定，往往很难走进顾客的心中，让用户信服。

用户很实际，他们相信的是，讲故事，说理念，不能口说无凭。他们真正在想的是，你的自媒体能够为他们提供什么样的利益，为他们提供什么样的服务，为他们创造什么样的价值。

所以，自媒体能够产生价值的前提在于，你的自媒体是否适应用户的需求心理，你的产品，你的服务是否能给予用户实质上的益处和价值，让他们领会到你的自媒体的与众不同。对于用户来说，如果你的产品和服务真的为他们提供了独特的体验，他们往往愿意进一步接近你，理解你，认同你。

不管怎么说，企业自媒体角色设定时要针对用户的心智。不能从我出发，从宣传自己、营销自己的产品出发，而要从客户需求出发，为客户提供服务，创造价值，用服务创造他们对自己的认同。

第二，企业自媒体角色是多种角色，要相互辅助，相互支持。

面向用户群做客户服务、产品展示、品牌社区等内容其实并不违背、也不会相互干扰，反之可以多管齐下，多重配合。只不过，企业要分清，服务客户才是重中之重。只有服务好了客户，为客户创造了价值，客户才会愿意在你的品牌社区中交流自己的感想，才会愿意留在你的产品展示区购买产品。

第三，自媒体角色设定，要与众不同。

自媒体角色毕竟是面向自己的用户群的角色，因而在设定时，要进行一种差异化的设定，强调一种独特性，做到与众不同。当然，这种与众不同，包含着把自己做成同类产品中的“先驱者”，做成行业的专家，让自己具有非凡的闪光点，让用户在你的平台上找到其他自媒体平台所不具有的东西，为他们创造更多价值，制造更多惊喜。

你能够给目标群体些什么？

想要你的内容吸引目标群体，首先，要了解你的目标群体需要什么，知道他们的痛点，以此确定自己的亮点。其次，要进行市场细分和读者细分，专注特定的领域，瞄准有价值的读者，做好内容传播，同时还要保持开放的态度，用开放为自己吸引更多的关注。

1. 找到目标群体的“痛点”

如今的用户很挑剔，他们在决定是否购买产品时，主要考虑你的产品能否解决他们的问题，或者三分钟之内能否发现产品的亮点，如果没有他们就会迅速把目光转向别处。自媒体就像这么一件产品，如果用户查看了你的内容，没有发现能够吸引他们的东西，他们就不会去关注你。而如果想要吸引用户，就要找出属于自己独特的亮点和价值点。

这种独特的亮点和价值点，不是来自别处，而是来自用户自己，那就是他们的痛点。

何为痛点？

所谓痛点，就是客户的一种需求，他们感到不满的、抱怨的，乃至感到痛苦的接触点。

而痛点思维就是目标客户群有着无法解决的烦恼，你为他们提供一个解决方案；他们对一个东西的体验不好，你为他们提供更好的体验。

如互联网中出现的各种“点评式”的平台，它们之所以受欢迎，正是因为它们解决了很多人的痛点。很多人在消费时，花了钱却没有吃好玩好，或者是没有获得好的服务。所以，他们希望能够得到好的意见和建议，在进行消费选择时，不会那么盲目和被动，同时也能够获得更好的体验，有更愉快的心情。而“点评式”平台就是抓住了用户的这个痛点，为人们提供了一个参考。类似的，像首席体验官、旅游规划师，都是适应客户的需求，为了解决用户的痛点，让用户获得更好的体验而存在。

对于企业自媒体来说，目标客户群的痛点，能够转化成为你的核心价值点，也就是你对目标客户群最具有吸引力的闪光点。所以，自媒体要想吸引你的目标群，就需要分析他们存在什么问题，他们需要什么，找到他们的痛点，针对目标群体的“痛点”来规划自己。

如几大航空公司，东航、南航等，为了让旅客出行更方便，都提供了微信自助服务，让旅客可以通过快捷的自助服务获得帮助。比较有特色的广东省博物馆也是创新形式，把微信变成导游，提供微信导览服务，用语音对馆中的藏品进行讲解，让游客不必跟在队伍后面听讲解员介绍，也不必专门租用语音导览设备就能够了解藏品背后的故事。这种创新的导览服务方式，为博物馆的参观者提供了一个全新的游览体验，也为自己增加了口碑。

客户之所以成为你的客户，因为你帮助他们解决了他们的问题。而客户能成为你忠实的粉丝，是因为你为他们提供了更好的体验。所以，做自媒体关键是要找出自己的目标客户群的痛点，同时要让他们获得更多的愉快。给了目标客户群这些东西，他们一定会被你吸引，关注你，成为你的粉丝。

2. 细分市场，你的读者在哪里？

内容同质化的时代，差异化才能让自己与众不同，专注才能让自己不拘一格。自媒体运营者在做自媒体内容时，必须要进行市场细分，找到最有利于自己的区域、专注于特定领域。同时，必须要对读者进行定位，找到最有价值的读者，按需为读者量身定做内容。

第一，企业自媒体要对市场进行细分，确立一个差异化定位，做到人无我有，人有我专。

做自媒体内容，类似于做报纸。有的是综合性的大报纸，有的是专业性的小报纸，它们都秉持着大报不做小、小报不做大、综合性报纸不局限于专业，专业性报纸不做综合的宗旨，都只在自己擅长的领域内把自己做精。

所以，自媒体运营者不需要把自己做成一种内容大而全的报纸，而是应该找到一个专业领域，把自己作为一个微报纸，不做大，只做小，不做全，只做专，体积小，内容精。

从市场上来说，市场上总有一些不被重视、没有被占领的空白点。从用户角度来看，用户总有一些没有被满足的区域，也总有一些他们自己都没有意识到的需求。这个时候，如果寻找到了那一个区域和空白点，推出能够有效地满足这一细分市场需求的内容，作为自己的竞争优势，深耕细作，就能确立自己的差异性优势。

第二，必须对读者进行细分，定位有价值的读者群，为他们订制内容。

很多自媒体的内容能够吸引大批的读者，知名度好，读者也很活跃，唯一遗憾的是，自己的内容虽然具有吸引力，但是这些读者的价值并不高，因为他们只是阅读内容而已，一旦提起购买产品，这些用户往往就成了沉默的无言者。他们需要的是你的内容，而不是你的产品。出现这样的情况，是因为内容并不是在为自己的目标读者提供服务，没有精准定位到有效的读者。

用户群是多种多样的，有些对你有价值，有些则没有。你必须精准地定位一小群对你非常有价值的读者，针对性地按照他们的需求，为他们提供内容服务。

当然，要找出有价值的读者，你就要对自己的读者群进行分析。从读者的年龄、职业、文化背景、受教育程度、阅读习性等方面进行深入细分，分析他们的喜好特点、价值观和需求。进而思考什么样的话题能够吸引他们，他们又最希望了解什么样的内容。这样才能了解读者，了解他们的喜好，为他们订制内容。

当然，为读者订制他们需要的内容，还要做出好内容，做出他们喜欢的内容。自媒体运营者必须要把握读者的脉搏，在内容中嵌入读者群，能够引起他们兴趣的价值点，创造出能够唤起他们热情的内容，提升内容的精彩度，从而增加读者群的粘性。

总之，从市场出发，从读者出发，专注于一个差异性的领域，为读者提供订制的、最契合他们需求、让他们喜欢的内容，是做好自媒体内容的良好开端。

3. 最基本的传播方式

再好的内容，养在深闺无人知，接触不到用户，就不能发挥内容的能量，也不能为企业创造出相应的营销价值。从这个方面来说，自媒体运营者必须要找到传播渠道，找准传播方式，把内容输送给自己的用户，让更多的用户了解自己的自媒体，让内容的能量得到充分的释放。

为此，企业自媒体需要做到以下几点：

第一，你要找到一个发布平台，把内容分享出去。

企业自媒体运营者在整理好内容后，要找到一个好的平台，把内容分享出去。当然，好的平台是指用户活跃度比较高的平台。自媒体运营官可以对自己的用户群进行分析，分析他们主要在哪些平台活动，分布在哪些区域和板块。如你的用户是军事迷，那么你就要去铁血论坛里走一圈。如果你的用户是文艺爱好者，那么你就到豆瓣社区和他们聊一聊。

当然，在平台选择上，不能只局限于单一的内容发布平台。如果这个平台确实聚集着最大量的读者，那么可以。但是一般来说，没有一个特定的平台能够完整地聚集起企业的用户。所以，最好选择一两个主要的平台作为主力，其他平台作为辅助，多管齐下。一般来说，博客、微博、贴吧、论坛等都是比较优秀的平台，比较适合做内容的传播。

第二，要重视内容传播的流动性，把内容传播下去。

只发布内容是不够的，如果只是发布内容，那么这些内容很容易就会成为一潭死水，无法在用户的心中掀起波澜。所以，做内容传播，必须要保持内容的流动性。

保持内容的流动性最重要的是吊起用户的胃口，唤起他们的好奇心，把他们的视线引过来，让内容进入用户的视野，到达用户的心里，然后在更大的范围内得到扩散。

唤起用户关注的方法很多。可以发起一个有趣的话题，唤起用户的热情，引导他们主动参与，积极讨论。或是发起一个活动，让用户感到参与的快乐，积极参与其中。当然，也可以制造一个事件，可以是有悬念的、不可思议的、温馨感人的、令人义愤的事件等。如果能够触动用户，通常都能够勾起他们的参与欲望。只要用户深度参与，内容便能在用户群中得以扩散，进而传播到更大的圈子。在这样的过程中，传播的效果会非常显著。

第三，线上线下，双管齐下，互相配合。

用户活跃，自媒体的营销效果就会好。这种活跃除了线上的活跃，还要重视线下的交流。线上虽然能够参与，但是企业毕竟和用户隔了一道屏幕，这个屏幕并不能让自媒体深度接触用户，走入用户的情感区域。而线下则不同，线下的面对面交流，通常能够拉近彼此的距离，让彼此的关系有一种真实感。

以线下交流来说，企业可以办一些趣味性的交流会、见面会等。这样的花费比较小，如果用心去做，很容易让用户团结在一起，形成一个有个性的圈子。而有了圈子，就有了传播的团队，无论是线上的交流，还是线下的口口宣传，很容易形成口碑。

当然，企业自媒体传播的方式有很多，无论是线上，还是线下，都是面向用户的传播。所以，想要好的传播效果，最重要的是要走进自己的用户。

4. 只有开放才能获得足够多的关注

自媒体玩家的制胜逻辑要以用户为中心，而不是以自我为中心。因而，自媒体运营官在做自媒体时要具有一种开放的逻辑，注重内容的开放和分享。同时，运营官还要有一个开放的态度，关注用户的体验和需求，用更好的内容服务用户，以达到吸引更多用户的关注、释放自己的价值的效果。

第一，开放的逻辑要有开放的内容，把好的内容传播给更多的人，让用户感觉到你是一个能够为他们创造价值的自媒体。

那种居高临下，以自我为中心、封锁自己的价值，保持自己神秘的观念已经过时，现在是一个开放战胜封闭的时代。如果一个自媒体封闭自己，不愿开放也不愿分享，那么这个自媒体必然就会被淘汰。无论是企业还是个人，在做自媒体时，如果创造了有价值的内容，但是却进行自我封锁，把好的内容局限在一个圈子，那么就局限了自己的用户群，也局限了自己的眼光。

用户喜欢一个自媒体，在于这个自媒体能够为他们提供喜欢的内容，这些内容有趣、有意义、读起来有意思、有内容。如果一个自媒体平台有这样的内容，但是却封闭起来，要求用户提供些什么才能获取这些内容。相信大部分用户只会选择转身离开。

对于企业自媒体来说，内容一定要开放。开放自己的内容才能获得内容的传播价值。在网民成为网络信息搬运工的时代，用户都有着分享的需求。当他们看到好的内容，他们会把内容分享给自己的朋友，分享给更多的陌生人。而好的内容在用户群中传播，往往能够在更大的范围内得到扩散和传播。在传播过程中，内容的价值才能在更大的平台上得到绽放，才能让企业品牌获得更多的关注和理解。

第二，开放的逻辑要放开自己，为用户提供更好的内容，赢得用户。

开放是一种姿态，是一种关注用户需求的姿态。自媒体管理者如果保持孤傲的姿态，不愿意接近用户，不愿意放开自己去了解用户对内容的需求，同时拒绝和自己的用户进行互动交流，这样的自媒体所提供的内容用户是不会感兴趣的。

好的内容来自交流和对话。为此，自媒体运营者需要主动了解用户，和用户沟通与对话，这样，自媒体才能创造出为用户喜欢的内容。

除此之外，企业自媒体还要开放自己的思维和观念，创作出新颖、新鲜的内容，让用户能够在自己平台上发现乐趣，获得好的体验。

总之，企业在做自媒体时，要开放自己，开放内容，这样才能服务好用户，为自己带来更多的关注。当大量的用户对企业自媒体的内容产生兴趣后，自媒体平台的吸引力自然就提升上去了。

如何获得第一批粉丝？

对于企业自媒体来说，第一批粉丝很重要。它可以形成意见领袖，影响其他用户，把其他用户变为粉丝。企业在开始自媒体运营的时候，就要思考：通过什么手段获得第一批粉丝，让第一批粉丝打响自己的品牌，为自己服务。

1. 用活动积累粉丝

自从微信普及之后，很多商家纷纷利用微信做宣传，使得微信上的活动层出不穷。

一位朋友最近参加了一个“萌宝大赛”，得赞最多的宝宝可以获奖。为了得奖，这位朋友每天都会催促身边的朋友去为她点赞投票。但是，投票的用户只有关注了主办方的微信公众号以后才能参加投票。通过这种活动方式，主办方轻易地获取了几万用户的关注，在一定程度上扩大了品牌的影响力。

当然，主办方吸引而来的用户并不一定都能成为企业的粉丝，但是在短时间内获取了大量的用户，这无疑是成功的。在强调用户的互联网时代，用户就能带来商业价值。如果企业提供的产品或者服务好，抓住了用户的痛点，并提供给超于他们预期的产品或服务，则能有效地把用户变成粉丝。

从一些微信公众号的积“赞”和票选活动，可以找到一条成功积累粉丝的途径：企业活动。

互联网时代下的用户，强调参与感，希望能有更多的机会参与企业的生产营销活动。同时，在想玩、爱玩、会玩的心理驱动下，他们更对企业传统的单线营销方式不感兴趣。这个时候，如果企业利用一些社交媒体举办符合产品特色、抓住用户爱好和兴趣点的活动，则能吸引用户，在与用户的互动中，实现粉丝的增长。

活动是企业进行自媒体营销的有效手段。很多企业深谙此道。有些企业会在一些社交平台上进行类似于积“赞”送奖品的互动，或者玩游戏送奖品，再或者开启一个有趣的话题让粉丝之间相互讨论等，这些或大或小的活动，是企业增长粉丝最快的一种模式，能够在用户群中扩大品牌的影响力。同时，活动也可以增加企业同用户、用户同用户之间的互动，在一定程度上增加粉丝的黏性。

互联网时代，企业做活动最为关键的一点，就是要符合用户的需求，这样才能吸引用户。

2. 用服务积累粉丝

自从进入中国市场，西门子开关插座在性能和外观设计上都受到用户的一致好评。不过，很快市场上就出现了仿冒产品，让不少用户吃亏上当。

为了方便用户，购买西门子开关插座的用户只需要访问西门子的官方微信公众账号，输入产品的20位数字防伪码，就可以验证产品的真伪。

同时，为了让用户购买到放心有保障的正品，西门子还开通了微信特色的地理位置查询功能，用户可以方便地查询到附近的西门子零售店。不仅如此，西门子用户还通过微信，将原有官网及400服务热线电话相关联，建立了“三位一体”的服务体系，以期给用户带来更完善、更有效的服务体验。

正是因为利用互联网平台，在满足用户生活习惯和消费习惯的基础上，为用户提供更为贴心、优质的服务，西门子获得了自媒体时代的用户积累。

除了企业活动，好的服务也是企业快速累积粉丝的重要途径。在这个“服务至上”的时代，服务是差异化的来源。与产品相比，服务传递给用户的是情感，而情感维系之下的企业和用户之间的关系更为牢固可靠，更容易把用户变为粉丝。企业只要在服务上比同行做的多用心一点点，就能吸引到更多的客户，留住自己的第一批粉丝。

企业在做自媒体运营的时候，可以像西门子一样，始终站在用户的角度解决用户的问题和困惑。为此，企业可以在社交网站上为用户提供更多的服务，满足他们的更多需求，并与用户进行亲切、贴心的互动，认真对待每一位用户的问题，并尽量让其满意。如果能够做到这样，用户会很容易变成粉丝的。

3. 制造悬念

悬念很容易吊起人们的兴趣和好奇心。

互联网时代下用户对外界保持着高度的新鲜感，他们喜欢接触一些意想不到的东西，经常浏览网页寻找一些有悬念的帖子。

很多人在微信、微博等社交媒体网站上都看过这样的帖子：里面有几个人，让用户认真观察，然后猜谁是凶手。而答案并不公布，想要知道答案的用户需要关注微信公众号或者微博账号。还有的是向用户讲一个故事，讲到正精彩的地方，却戛然而止，想要继续看下文，显示“请关注我吧”。

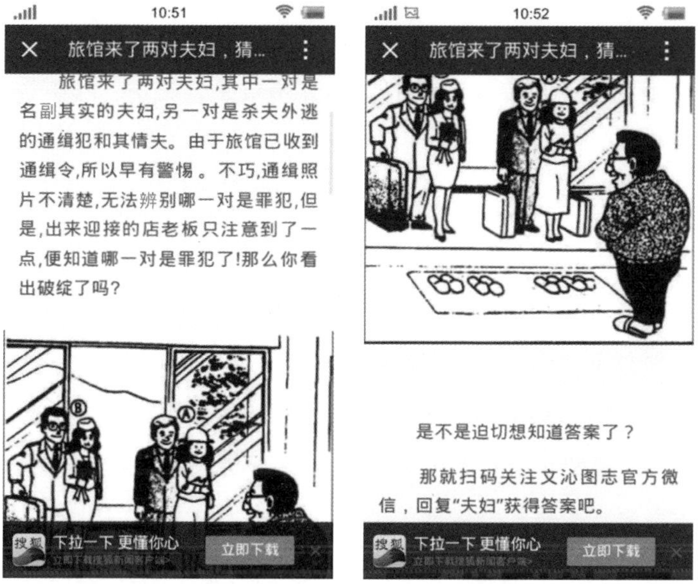

这些都是利用悬念勾起读者的好奇心，是自媒体时代企业吸引用户的有效手段。

企业也可以采用这种方式，在社交媒体上发布一些吸引读者的内容，需要知道答案或者想继续查看内容的用户，需要进行账号关注。然而也可能会出现这样的结果，用户关注之后，会被公众账号中更有价值的内容吸引而继续关注。如果，账号推送的内容确实不错，久而久之便能让用户成为自己的第一批粉丝。

4. 线下推广

在互联网深入发展的今天，网上用户流量看似是海量的，但是却被行业中最初“吃螃蟹”的企业牢牢掌握。流量价值被众人高度重视的结果便使得流量越来越贵。

对于企业来说，自媒体运营的战场并不只是在线上，线下资源利用得好，也是增加第一批粉丝的好途径。

滴滴打车软件被很多用户广泛接受。然而，滴滴打车的第一批用户积累起来也并非易事。

滴滴打车软件第一批用户的积累来源于它在线下的推广。在最开始做线下推广的时候，并没有出租车司机愿意和滴滴打车合作。滴滴打车在绝望之际曾说：“如果跑完最后的189家出租车公司，还是没有一家愿意和我们合作，我们就放弃。”

最后滴滴打车来到一家仅有200多辆的出租车公司，向100个司机进行15分钟的产品演示，而这100个司机中，只有20个有智能手机。

最后，滴滴打车说服了8位司机安装了自己的客户端软件，这才开始了滴滴打车的第一步。

不仅“滴滴打车”是从线下推广开始的，“美团外卖”、“饿了吗”这些O2O模式的企业也是从线下发传单开始的，通过发传单让更多的人知道，然后形成自己的第一批用户。在扩大品牌之后，便积极地同线下商家合作，让线下商家为自己做推广，线下商家在自己的墙上、餐座上贴上网站二维码，告诉前来用餐的客户说："关注这个网站，就餐就会有活动。"就这样为网站吸引到更多的用户。

所以，企业进行自媒体运营，线下也是非常重要的途径。进行线下推广可以直接接触用户，能够同用户进行更为有效的沟通。如果产品或服务真的很不错，就能把这一批用户变成自己的粉丝，然后让这群粉丝免费为自己做产品推广。

有些微信公共号运营者，会到目标客户经常出没的地段，在路边支起小桌，摆上礼品，打开易拉宝，易拉宝上面印有二维码，旁边写着只要扫码关注就送饮料。看摊的人看到有人路过就开始张罗，让人过来扫码关注。通过关注送礼物的方式，吸引了大批的用户，而企业总会在这大批用户中找到自己的第一批粉丝的。

为此，对于势单力薄的自媒体企业来说，不妨把眼睛从线上挪开，看到线下的用户。只要产品和服务能够为用户带来非凡的体验，触及用户的痛点，不愁抓不住自己的粉丝。

加强互动，持续吸引力

企业自媒体在聚集到自己的目标用户之后，为了把用户变成自己的粉丝，要积极地采取行动，加强与用户互动，这样才能持续地吸引他们。当然，企业与用户的互动不是盲目的交流，要掌握一定的技巧，这样才能达到效果。

1. 汇集“铁杆粉丝”，引领话题

做自媒体营销，要打造起自己的圈子。而打造一个圈子，需要找到自己的铁杆粉丝，把他们汇聚在一起，让这些铁杆粉丝帮助你推广、营销，从而凝聚起一个圈子。企业自媒体找到了铁杆粉丝，并与之建立关系，是为了给自己找到支持，也可以唤起其他用户的参与热情和互动的积极性，积聚自媒体的吸引力。

什么样的粉丝是铁杆？

所谓铁杆粉丝，是无论你创造什么作品，他都愿意付费购买；他们愿意驱车来听你唱歌；即便手上已经有了你的低清版作品，他们仍愿意去购买重新发行的超豪华高清版套装；他们会收藏你的绝版作品 eBay 页面；他们会参

加你的首场演出；他们迫不及待要欣赏你的下一部作品……

总之一句话，他们无条件地支持你，捧你，赞你。

铁杆粉丝和品牌的关系，就体现在“铁”。对企业来说，铁杆粉丝是你的用户中最认同你的人，并且希望更多的人能够认同你。他们愿意无条件地支持你，不仅会用实际行动支持你，还会不遗余力地到处为你宣传，而且不求回报，希望你能够成功。

对于自媒体来说，能够找到这样一批铁杆粉丝，就积蓄了势能和力量。引爆了这种势能和力量，往往能够让自己的自媒体活跃起来。

小米靠着强大的粉丝力量颠覆了手机行业，一个重要的因素便是通过自己的产品、营销，创造了小米的铁杆粉丝——强大的米粉。同样，郭敬明的电影《小时代》创造了上亿的票房神话，也正是因为背后有一群疯狂的粉丝让电影有了含金量。对于企业来说，赢得了自己的铁杆粉丝，便赢得了商业价值，同样，获得了铁杆粉丝，也就获得了更大的发展空间。

其实，铁杆粉丝可能只是那么一小撮。很多企业可能拥有一大批粉丝，但是粉丝的质量并不高，粉丝的价值也有限，铁杆可能更是寥寥无几。因此，要建立起自己的铁杆粉丝圈子，企业应该组织起自己的团队，从粉丝中进行甄别，寻找出最有价值的铁杆粉丝。

为了寻找铁杆粉丝，企业可以通过粉丝与企业的互动参与次数，粉丝对自己的关注时长和关注程度，以及粉丝的反应速度，粉丝对企业所抱有的态度等进行甄别。同时考察这些粉丝对品牌的忠诚度，筛选出高质量的铁杆粉丝团队，把他们汇集起来，展开正确的维护工作。

汇集起自己的铁杆粉丝，还需要用话题来活跃起整个圈子，唤起粉丝的互动积极性，保持互动的火热度。企业自媒体在选择话题时，要保证话题的开放度和讨论的空间。同时，话题应该新鲜、生动、有趣，能够吸引用户的眼球，让他们积极地参与到讨论中，与企业在互动中形成一定的关系。

当然，企业也可以在自己的平台上策划一些有创意、有趣味，能够调动起用户参与热情的活动，吸引更多的用户加入到自己的圈子。

企业还需要充分地关注用户的需求，并满足它，促进一种亲密融洽的关系的建立，获得用户的喜爱和良好的口碑，从而持续地积累自媒体平台的凝聚力和影响力。

2. 创造粉丝表达意愿的机会

企业做自媒体，没有必要刻意推销自己，需要做的只是在友好和互动中进行沟通和交流，给予用户参与感，创造粉丝表达意愿的机会，在有来有往中，进行双向的沟通和交流，创造一种深入的关系。

小米创始人雷军、黎万强等人在小米进行营销的初期，每天都在论坛上泡 1 个小时，再忙也保持在论坛上泡十几分钟，只是为了能够近距离地和用户沟通，保持企业和用户之间存在的一种温度感。

企业做自媒体一定要有一种温度感。如果你对粉丝无感，粉丝也对你无感。你和粉丝保持距离，粉丝也就会和你保持距离。企业一定要切忌把自己做成一个冷冰冰的机器，和自己的用户保持距离，把粉丝的声音拒之门外，这便在无形中造成了彼此间的隔阂。

企业要保持和粉丝之间的一种温度感，意味着你要对粉丝怀有一种友爱的态度和情感，倾听粉丝的声音，与粉丝进行对话和交流，多互动，多提供帮助，让这个圈子热起来，让他们信任你。

很多粉丝对于企业的产品和服务或多或少都有一些不满意，他们或是觉得企业的产品和服务上有着缺点和不足，需要加以改进，或是觉得企业的产品和服务有着很大的提升空间，应该要把产品和服务做得更好。这个时候，企业就应该以一种成熟的态度，主动地为粉丝创造发声的空间，让粉丝充分表达自己的意见和建议，并且积极地回应他们。

企业处理粉丝对产品和服务的抱怨，解决粉丝不满意背后的问题，一方面能够让粉丝对企业主动改善自己的态度怀有好感，拉近粉丝与企业的距离。另一方面，企业接受粉丝的建议，处理了产品和服务上的不足，改进需要改进的地方，也就去除了自身可能存在的缺陷和不足，有利于企业自身产品和服务的提升。产品和服务提升了，企业的口碑自然也就越来越好。

另外，企业在听取用户的意见和建议后，或是改进自己的产品和服务，或是升级产品或服务的功能，或是创造出一种新的产品，都会让粉丝产生这是与我们有关的产品，它的改进来源于我们，它的产生来源于我们，它与我们有关。如此，粉丝对企业的产品或服务便有了更深的情感，对于与企业之间的关系的认知也会不一样。

为粉丝创造表达意愿的机会，能够打通企业与粉丝之间沟通的渠道。打通了沟通的渠道，有利于拉近粉丝和企业之间的距离。企业向粉丝示以友爱，粉丝会回以更多的友爱，企业以友爱的态度面对粉丝，收获的会比自己所付出的更多。

为此，企业可以在自媒体的空间内，建立交流社区，鼓励用户畅所欲言，发出他们的声音，或是表达他们对企业的喜欢、埋怨和建议，或是诉说他们与企业产品之间的故事，分享自己的经验。

当然，为了让沟通更为便捷有效，企业也可以成立专门的团队，及时关注粉丝的留言，给以耐心的回应，主动处理存在的问题。同时，在回应粉丝的咨询和问题时，组织专人细心解答，精准地回应每一位粉丝，让每一个声音都能够得到回应。当然，这种回应不能是机械式的，而应是互动式的。要尽量避免单向传播，而应是进行双向的、有温度的、有趣味的互动。

总之，创造粉丝表达意愿的机会，倾听粉丝的反馈，抓好产品和服务的品质，以粉丝的满意为中心，品牌在粉丝中的口碑就不会差。

3. 主动分享，倡导分享

分享，能够把距离拉得更近。企业应提倡和实践一种利用分享进行营销的理念，主动分享，主动传播；同时和用户互动，倡导用户去积极地分享。在分享中，传播自己，了解用户，加强彼此间的关系，让彼此更亲近。

企业在自媒体的平台上，或是主动与消费者分享产品的制作过程，带领消费者参与感知体验；或是讲述企业的故事，让用户进一步了解企业；或是分享对于用户来说有价值的内容，让用户获取对他们有用的知识。这些都不是让用户去接受自媒体的内容，而是让用户去接受企业自媒体自身，接受企业背后的价值观，接受企业的品牌。在主动的价值分享中，把自己打进自己的用户群，让他们认识自己，记住自己。

分享作为一种持续的企业自我价值主张，作为一种长时间的高质量的价值输出，有利于让更多的用户去关注你。分享的有价值的内容越多，就会有越来越多的用户关注你，也会有更多的用户观望企业自媒体的价值。如果企业分享的好内容够多，传递的东西够有价值，为用户创造了真正有用的东西，那么观望你的人会成为关注你的人。可以说，持续的分享和传播，将形成更大的传播效应，进而塑造持久的影响力。

主动分享，也要倡导分享，这种分享，可以是让用户主动分享自己的故事。

下面是鲜花品牌 roseonly 的案例。

roseonly 是一家专爱花店。rose 代表玫瑰，only 代表专属，roseonly 品牌向用户诉求的是一种专一的爱情，“信者得爱，爱是唯一”，所以，在 roseonly 花店送出的爱情玫瑰，一个账号只能送一次。

roseonly 专爱花店的微博、微信、服务号都是在向自己的用户传播爱情唯一的理念。在自己的自媒体上，除了发布产品信息之外，还会定期搜集用户真实的爱情故事，然后通过微信的平台发布出来，分享给更多的人。

借助自己的平台，发布用户的真实爱情故事，roseonly 的经营者采取的是一个比较成熟的玩法。通过让用户分享自己的爱情，将品牌和现实中的真实爱情绑定，让自己的品牌和原有的用户联系得不仅更为紧密，而且还能触动更多的新用户，让他们对 roseonly 的爱情产生兴趣，对 roseonly 的爱情诉求产生情感上的共鸣。这种分享的方式在无形中强化了自身在用户心中的爱情定位。

当然，故事只是分享的一个内容。企业也可以为用户提供一个开放的分享平台，创造一个相互分享的诉求氛围，引导用户主动去分享自己的产品和服务体验，分享与品牌有关的趣事等。

让用户去分享自己的品牌体验是一件对企业有益的事。因为越来越多的用户在消费前，更容易受他人的使用体验和评价的影响。品牌用户主动分享使用体验，对于想要购买品牌的消费者具有一定的可信度和可参考性，进而会影响到更多人的消费选择，让更多的人对品牌产生印象。另外，用户制造的内容在无形中传播了品牌，扩大了品牌的影响范围。

让用户参与到有关企业的产品和服务的分享过程中，也能够加深用户对品牌的认识，提升他们作为品牌用户的“主人翁”意识，让他们感觉自身与品牌有一种亲近的关系和无形的联系，进而也能够提升用户对于品牌的忠诚度，把用户稳定在自己的品牌之下。

分享很重要，互动中的分享价值更大。为了鼓励用户的分享意愿，企业可以用话题引导分享，或是在趣味性的互动中鼓励分享，或是用名人来带动用户进行分享，创造一种主动分享，乐于分享的氛围，带动更多的人参与分享。

企业自媒体定位常见误区

很多企业都在玩自媒体，然而，也有一些企业在自媒体上栽了跟头。究其原因，在最初的定位中犯了大忌。定位，对于任何一家企业来说都很重要，它决定了企业的目标客户，决定了企业的市场。企业在自媒体运营中，一定要避免几个定位中的误区。

1. 定位不清，目标群体不明

产品与服务高度同质化的时代，企业必须要用明确的定位培育出用户对品牌的清晰认知，进而让自己的品牌在用户的心中占据一个有利的位置。

很多自媒体在运营时，要么不清楚自己的定位，要么不清楚自己的目标群体是谁。在运营时，大多做得比较随意，内容上也没有目标性和计划性。因此，企业自媒体要明确定位，就必须明确：

第一，自己是谁。

企业如果没有一个清晰的角色设定，用户就不能对企业的自媒体有明确的印象，也不会记住企业的自媒体。所以，企业必须要明确，我是谁，我是做什么的。

如果你是做餐饮的，你的定位目标就是饮食；如果是做服装的，你的定位目标就是时装服饰。你是做什么的，就需要专注于自己的本行，而不是跨越到其他行业或其他品类进行定位，或是偏离主题，进行模糊的定位。

第二，自己的目标群是谁。

明确自己的目标群到底是谁，就明确了自己的“准客户”。准客户是企业的传播对象，也是企业自媒体想要影响的一个专门的群体。确定好自己的目标群，企业自媒体运营官才能够明确：我要影响什么样的人，他们是什么样的，他们需要什么，而我需要做什么才能吸引他们，该说什么样的话，用什么样的方式等。如此，自媒体在进行内容运营时，才能更具有计划性和策略性。

企业自媒体明确了目标群之后，需要为目标群量身定做内容，并为目标群服务，这样才容易获得目标群的认同。同时，把企业的自媒体品牌与目标群结合起来，也有利于增进目标群对自媒体的归属感，让他们产生“这个自媒体是为我量身定做”的感觉。

明确了自己，明确了用户，自媒体经营就有了明确的目标和指向，自然就能有的放矢，有效的利用时间和精力创造最大的价值。

下面是一个微杂志的案例。

做自媒体的“微杂志”给自己的定位是——文艺生活指南，不一样的阅读方式。

微杂志的目标群很明确，就是喜欢文学艺术、爱好阅读的年轻读者。

在自媒体的内容上，微杂志的话题主要围绕阅读、话剧、电影、摄影、音乐等标签进行内容创作，为读者提供有营养的内容，创造一种类文艺的生活方式。

微杂志知道自己是做什么的，也知道自己面向什么样的群体在说话。所以，他们面向自己的读者，只去做自己所专注的领域，提供读者喜欢的内容。有了明确的内容主题选择，在微杂志上你不会看到和科技、餐饮、体育等有关的主题，你所能看到的只会和文艺、阅读有关。

对于微杂志的目标群来说，他们所能意识到的是，这是适合我的内容，也是面向我的趣味性的内容。在阅读中，他们更容易对这样的自媒体产生一种归属感。

总之，自媒体运营关键是要定位准自己，定位准读者。定位准自己，就有了自己的身份和角色；定位准自己的读者，就有了目标和指向。在运营时，才能够有计划、有安排、有策略地根据定位和目标群的特点进行运营，进而依据既定的轨道，稳步地、有效地前进。

2. 偏离企业品牌形象和企业文化

自媒体运营，本质上运营的是企业的品牌。企业将自媒体作为自己的发声平台兼形象展示平台，向读者诉说自己的价值，传播企业的文化，塑造企业良好的外在形象，从而提升企业的品牌价值。而在这种品牌价值的定位诉求中，对企业形象和企业文化的定位尤其不能偏离。

品牌形象是企业的一种外在着装，好的品牌形象，能够在用户心中形成好的印象和情感。企业在用户心中种下良好的种子，能够帮助企业的品牌健康成长。而企业文化是企业的内在涵养，是企业对外所持有的价值理念，企业品牌的长远发展，也依赖于品牌背后的文化支持。

企业是否具有美好的外在形象，是否具有恰如其分的、饱满的文化作为品牌的后盾，关系企业在用户心中的位置，关系企业的品牌能够走多远。同时，企业形象和文化作为一种有价值的武器，常常能够帮助品牌在竞争的市场中制敌于无形、决胜于千里。

自媒体定位强调量身定做，企业自媒体定位要契合企业品牌形象和企业文化，为提升自身品牌价值服务。

在自媒体空间，定位什么样的形象，便会传播什么样的形象；定位什么样的文化，便会传播什么样的文化。企业的形象和文化作为企业的自我主张，展现的是企业的态度和价值观。这种无形内容构成了企业鲜明的个性和特色，是企业独立性的表现。同时，企业的形象和文化也是企业用来联系和沟通用户的有效手段。因此，企业的形象和文化在定位中，不能模糊，更不能丢失。

在自媒体定位中，如果企业的自身形象强调的是一种公信力，那么要体现出一种不乏味的严谨；如果自身形象属于时尚潮流，要体现出自身的时尚爱好和追逐；如果自身品牌文化强调服务和以人为本，要体现出自己以人为本的特质；如果文化是创新，要把这种创新的精神放到定位中，传达给读者，渗透到自媒体运营中。

传达自身的企业文化要求概念简单，因为用户喜欢简单，不喜欢复杂，明确的定位才能形成稳定的品味。企业如果模糊或复杂化自己的文化和形象定位，就不容易让用户对企业有明确的概念和记忆。

对企业形象和文化的定位，要保持一种整体性。无论是线上和线下，无论是哪种平台，都应该保持一致性和整体性，体现企业整体的意志和意识。

3. 盲目跟风，缺乏自我特色

自媒体的核心是有自己的特色。特色是一块磁石，能够把读者吸引过来。特色是一种标签，能够把你和其他自媒体区分开来。没有独特的定位，就不能创造有特色的自媒体，也不会成为一个具有强势品牌力的自媒体。

自媒体运营上，有独立思维的少，跟风运作的多

很多企业做自媒体大多属于“玩票性质”，跟着自媒体的热度和风潮，用自媒体刷存在感。其中存在的一个典型认知就是，有自媒体比没有自媒体好，有就行，做得怎么样，怎么做就不那么重要了。这一类的自媒体在运营时，运营乏力是普遍常态。

也有一些企业，把自媒体做得千姿百态，内容上多种多样，有成功学、心灵鸡汤、社交互动、求职招聘等，什么受欢迎就做什么，什么吸引用户就做什么。用户当然喜欢能够吸引自己的内容，所以很多用户会聚集在这样的自媒体平台。遗憾的是，用户感兴趣的是内容，对内容背后的品牌却没有感情。企业虽然运营出了内容的热度，却没有运营出一个清晰的品牌。

企业运营自媒体，必须有一个清晰而独特的自我定位

用户不会从众跟风一个没有自我追求的自媒体，他们需要的是对企业有明确的定位，知道自己在做什么，并且能够做出属于独特价值的企业自媒体。

自媒体的丛林中处处埋伏着行业的竞争者，如果企业自媒体做得不够吸引人，那么竞争者就会把用户吸引过去。如果没有特色和优势，就很难确立自己的地位和价值，就会很容易被竞争者替代，从而湮没于汪洋中。

企业做自媒体，要专注于一个领域，把自己做成专家

特色来源于专注。自我特色来自于自我的独立性和在特定领域的专注性。专注性意味着，企业在做自媒体时，必须从宽泛的领域中抽身，选择一个自己所擅长的领域，专注于其中，进行精耕细作，培养出自己的力量，做出特色，做出自己的优势。

专注还意味着，企业自媒体应该把自己定位为所处行业的某个特定领域的专家。如果是做信息的，那么你一定要是业界数一数二的情报专家；如果是做餐饮的，那么你应该把自己做成餐饮界的龙头。把自媒体当作自己最得意的产品进行运营，在这个平台上充分释放自己的价值，让接触你的自媒体用户在你的平台上总能获得些什么。

总之，想要运营出一个强势的自媒体品牌，有自己的独特定位是开端。当一个自媒体有了自己独特的定位，并且切实按照这种定位在运作，创造出自己的优势和价值时，你在你用户的眼中已经走出了一种不平凡。

Chapter 4
寻找事件和话题

企业的自媒体在解决了目标客户的问题之后，需要思考另外一个问题：自媒体的内容要用什么样的形式表现？怎么表现才能吸引人？

玩的就是**自媒体**

开场案例

巴西有一位富豪 Chiquinho Scarpa，62 岁的他在当地知名节目上宣称，在看了埃及法老陪葬品的相关内容后，他产生了一个想法，就是要为自己那台价值千万以上的宾利车举行一场埋葬仪式。

听说 Scarpa 要把宾利车埋到自己的后院，很多人觉得不可思议，巴西上下更是一片哗然。为了证明埋车的真实性，Scarpa 在社交网站 face book 上直播了自己在圣保罗豪宅的后院中为爱车挖“墓穴”的过程，发布了自己埋葬宾利的照片。有图片、有视频，这是真的。网友十分反感他的行为，抨击他炫富、奢侈、浪费；媒体更是对他大加鞭挞，Scarpa 成为令人厌恶的媒体新宠。

埋车当天，众多媒体纷纷到访，还有空拍和现场连线报道，人们都在关注这场埋葬仪式将如何进行。仪式开始时，Scarpa 还落下了几滴眼泪。然而就当宾利车即将开入地下时，Scarpa 临时喊停，把媒体带到了另一个会场。

在另一个会场 Scarpa 宣布，自己欺骗了大家，这么做只是要吸引大家的注意。“我上演了这出闹剧，只是想要告诉所有人，每天有不少人都在等待各种器官移植，他们中有多少人可能因为器官不足而死亡？又有多少人带着健全的心脏、肝、肾、眼等器官死去？世上很多人在下葬时，其实也有很多贵重的宝物也跟着陪葬！这段时间，不管你是不是对我恶言相向，嘲笑我，我只希望大家一起成为器官捐赠者，这样你们将拯救无数的生命。”

埋藏仪式原来是呼吁器官捐献，原本想要看这场闹剧的媒体恍然大悟，哑口无言。在网络上发酵后，事件已经具有了反转性的意味。

捆绑大事件，低成本引爆

在营销中，找到产品和服务的引爆点，是让所有企业头疼的事情。企业自媒体运营时，为了扩大自己的影响力、聚集更多的粉丝，可以借助大事件的影响力。

1. 借势策：及时抓住广受关注的大事件

所谓借势营销，是指企业及时抓住一些广受关注的焦点新闻、热门事件等，与自己的品牌和产品结合起来，搭顺风车，利用热点引发曝光，低成本站在聚光灯下展示自己，以此提高企业及产品的知名度。

现实世界，槽点满满。无论是娱乐明星、商业人物、网络红人，还是政治人物，都可以从他们身上延伸出一些段子。你听过"京东爱情故事"吗?从只求正常牵手到疑似分手再和好，奶茶妹妹与刘强东的爱情故事在众多网友的见证下可从没消停过，也引发了一波又一波的借势营销。

2015年刘强东和奶茶妹妹都删除了一些个人微博，在网络上引发了分手疑云，众多商家吐槽模式全开，借势发起了一系列的营销。

先是京东被恶搞“老板娘跑了，老板无心经营，全场1折清仓”。

再是“51用车”：“他从全世界删除了你，你却为他删除全世界，我不要悲伤，我要下一次长情，51用车，只为单身的你”。

其后，各大电商门户网站也纷纷效仿，在借势营销中得到曝光。

如天猫：“他从全世界删除了你，你却为他删除全世界，我不要悲伤，我要下一次长情，狗狗不再忠诚，猫咪依然粘人。”

苏宁易购：“他从全世界删除了你，你却为他删除了全世界，奶茶不哭，来苏宁新发现更（Liu）更（qiang）更（dong）你”。

国美：“他从全世界删除了你，你却为他删除了全世界，奶茶加油，从现在开始，寻找真爱，走出低谷，快乐起来，国美在线，真！低！快！”

刘强东和奶茶妹妹两人之间的交往过程为千万网友见证，两人之间一旦出现波动就会吸引大批网友围观。会借势的企业就会利用他们的事件，发挥聪明才智，抓住有利时机，抢在前头，以小成本搭顺风车。

热点事件是一种话题，有时更是千万网友所共同的话题。借势营销就是与他们共享话题，让企业能够借着舆论和热点的东风，进行产品推介和展示，进行品牌营销。虽说是花小钱办大事，小事很多时候更能收到四两拨千斤的效果。

辽宁阜新的金明，早年做过记者、播音员和编导，在当地是一位小有名气的主持人，后来创办了一所播音主持学校，为参加艺考的学生提供辅导。为了有效地提升知名度，金明一直尝试通过微信、微博进行宣传。金明的宣传内容主要有三个方面，一是日常的课堂教学，二是有关阜新的时事新闻，三是与播音主持相关的事件。

2015年3月，柴静的《穹顶之下》得到广泛传播，金明立即发帖分析柴静的成长经历以及《穹顶之下》的制作手法。2015年4月，老毕事件发酵后，金明又马上发文介绍老毕的成长之路以及播音主持人的修炼。上述文章都在当地得到了广泛关注，有效地提升了金明播音主持学校的知名度。

然而，不管事件多么热门，多么值得借东风，对于企业来说，让事件发挥营销价值，最重要的还是要找到事件与自身品牌的交集，找准契合点。只有能够符合品牌内涵和品牌个性的事件，才能让品牌的特点得到彰显。反之，如果和品牌没有交集，或是没有找准契合点，而是生搬硬套，不但不能引来观者好评，反而给自身留下呆板无趣的印象。

2015年5月29日11点16分，范冰冰和李晨恋情曝光，在微博上甜蜜地说“我们”。一时间“我们”体爆红。不少企业以最快的速度掀起了新一轮的文案营销之战。

11点29分，杜蕾斯官方微博发声说：“你们！冰冰有李！”

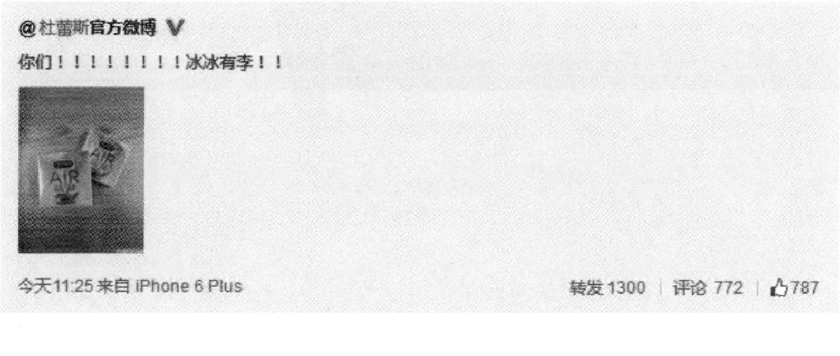

11 点 36 分，快的打车说：“为娱乐圈的事情也是操碎了心。”

11 点 34 分，小米说：“我们。有李有范。”

11点44分，美的空调发声说：“李有冰冰，我也有冰冰”。

无论是杜蕾斯还是快的、小米、美的空调，随时借势，其文案的设计更是符合自身品牌特色，让人拍案叫绝。

2. 体育策：借势大型体育活动

西门子在2014年世界杯期间大玩了一把，因为西门子是德国公司，而德国队在世界杯表现出众，西门子的官方微信和微博天天都会发布关于世界杯的帖子，其北京总部大楼更是用灯光打出了+1的字样。

所谓体育策，是指借助赞助、冠名等手段，通过赞助的体育活动来推广自己的品牌。很多球迷对体育有着深厚的情感，对体育非常热衷。近年随着体育大热，越来越多的普通人也开始关注体育赛事、参与体育活动。借助体育进行营销成为企业的一大营销手段。

对于企业来说，体育营销有两大优势，一是声势浩大，二是广告醒目，能够很好地提高品牌的知名度。

做品牌营销，体育赛事能够成为很好的新闻载体，具有极大的营销价值。做得好的品牌将体育精神融入品牌内涵，能很好地给品牌加码，提高自身在消费者心中的分量。

三星、耐克、奔驰、宝马等国际知名品牌都是大手笔支持高端体育赛事的赞助商，创造了很多成功的案例。而对于普通企业，参与体育赛事，做一些区域性的体育活动，或者国际赛事的区域性活动，是常见的营销方法。

在网络时代，体育营销已经不能只在线下唱戏，要想获得好的营销效果，就要连接线上线下，拉动用户参与，让消费者获得良好的体验。这已经成为企业借用体育营销品牌的正确之道。

普通人通过电视转播观看网球公开赛，没有机会近距离接触网球。特仑苏成为中国网球公开赛的白金赞助商后，将传播主题定为“金牌牛奶，近享中网”，在营销中，将参与、体验、互动、传播很好地结合在一起。

线下体验。线下活动重点是要让用户有参与感。在万达广场，特仑苏特别定制了大满贯立体画，人们可以拿起球拍，在画面前摆Pose，体验网球的“现场感”，吸引众多球迷现场炫技。这样的体验让用户拍照分享到微博、微信朋友圈，达到了预热的目的。同时，在北京家乐福、物美、沃尔玛等超市，购买特仑苏即有机会赢取门票，在线下做产品的营销。

线上参与。除了线下活动预热之外，特仑苏官方微博上也发起号召球迷参加“与球星对决机会”、“零距离专属座席”等这些具有吸引力的抢票活动，吊足了球迷的胃口。同时与电商平台紧密配合，在开赛前几大电商平台开展购买产品送门票活动。

赛场福利。重点突出一个“近”字，亲临现场、与球星近距离接触成为亮点，比赛期间的活动，通过前期预热在微博、电商、线下终端吸引用户最终获得参与机会。在比赛现场外的特仑苏展台，用户可以参与体感游戏，除了获得精美礼品外，还可获得免费升舱至VIP包厢的特仑苏专属礼遇，尽享中网观赛乐趣。

特仑苏通过线上线下整合营销做足了功夫，将广告、促销、社会化整合传播给目标受众，让受众获得好的体验，特仑苏也借着中网热了一把。

自媒体时代，线上线下相互连接，鼓励参与和互动，为受众提供意想不到的赛事体验，品牌与受众一起共享体育激情，往往能够帮助企业提升品牌在受众心中的口碑。体育营销就是通过打通这些环节，为品牌创造了极大的营销效果。

3. 舆论策："软文"的威力不容小觑

所谓舆论策，即企业通过与相关媒体合作，发表大量介绍和宣传企业的产品或服务的软性文章，制造舆论，传播自己。在这样的过程中，引导消费者接受自己的产品，认同自己的理念和价值观。

软性文章最重要的是为产品服务、为品牌服务。当人们不能接受硬推销时，利用软性文章把企业想要传达的理念、自身文化价值观，以符合消费者认知规律和阅读喜好的形式进行包装，在媒体平台上进行自主传播，这是一种最好的自我营销方式。

好的软性文章可以推广产品，也可以讲故事。

提起利用软文做产品推广的成功案例，就不能不提史玉柱，他制造出了被称为中国广告史上最佳的软文推广案例《脑白金》，犹如一朵奇葩的脑白金。

> "今年过节不收礼，收礼只收脑白金。"
>
> "脑白金，年轻态健康品。"
>
> 庸俗与绝妙共存的脑白金广告已经植入了千百万乃至上亿中国人的脑海里。在电视广告之前，史玉柱利用软性文章，对受众进行软文教育，这是脑白金的另一项成功的植入。
>
> 史玉柱在脑白金软文写作上可以说是大费苦心，他把策划班子中十几名文案高手请到酒店，集中 10 天进行封闭式写作，重重审阅，严格把关后，大批高质量的软文在报刊发布，如《不睡觉，人只能活 5 天》《美国睡的香，中国咋办？》《女子四十，是花还是豆

腐渣？》《一天不大便等于吸三包烟》《武汉出现“美国疯狂的征兆”》《两颗生物原子弹》等一系列非常易读的文章，谈的都是科普，又有噱头，引出的是悬疑和神秘。在强调睡眠不足，肠道不好对人的危害的同时，把脑白金与健康、年轻、美丽进行有效嫁接，刺激公众神经，把脑白金的功能植入公众大脑。

这些“科普性”软文是给公众做了一次有关脑白金的健康教育，也为脑白金创造了上亿元的销售额，开启了脑白金的黄金时代。

从脑白金的案例我们可以看出，软文一旦抓住了消费者的痛点，就是绵里藏针，御敌于无形，其力量难以小觑。类似油类品牌常用软文《您的炒菜油是否健康？》《炒菜油使用误区：长期只吃一种食用油》等，这些文章没有直接的意图，做的是健康常识普及，其实是用软文对消费者进行引导。

好的软文能够以一种润物细无声的方式，把企业的正面信息传达给消费者，在消费者心中种下好感和信任。

用软文来讲故事的案例很多。如褚橙的火热，背后是通过一篇篇文章诉说褚时健的励志故事。roseonly 利用软文讲的是借助玫瑰来承载专一的爱情故事。也有讲企业活动的，如海尔集团张瑞敏砸冰箱，IBM 构建智慧的地球，谷歌员工的女儿为爸爸申请假期的故事，很多深入人心的故事就是以软性文章的方式在传播，在情感上与消费者进行交流。

不管是推广产品还是讲故事，软性文章可理性也可感性，重要的不是华丽的辞藻和优美的语言，而是背后的智慧和思维。要求的是慢火细工，讲究的是消费者的口感。

4. 明星策：捆绑明星的知名度

所谓明星策，即企业在进行营销时，借用明星的知名度和影响力，达到一种宣传效果。

对于企业，自媒体营销不同于传统营销。企业有了足够多的粉丝才能达到传播的效果，在缺乏关注度和人气的情况下，企业往往不容易通过自媒体进行营销。而提升用户对自己的自媒体关注度，常常是一件花费时间且花费心思的事情。如果与明星合作，利用明星的影响力，捆绑明星的知名度，能够快速地吸引用户关注，让品牌进入用户的视野，这种营销效果非常直接。

对于明星的粉丝，明星的喜好和习惯他们非常关心。而且粉丝对于明星在消费时，选择的品牌，认可的品牌，非常感兴趣。很多粉丝对自己喜欢的明星常常有一种信任感，明星的一举一动都会影响他们。因此，明星的推荐很容易影响他们关注一些品牌，这种关注很容易直接促成购买行为的实现。这种影响力常常是广告所不能达到的。

河狸家的案例能够很好地说明明星营销的影响力。

定位于“上门美甲第一家”的河狸家 APP，专做上门美甲服务，发展时间不长，却已风靡北京、上海，成为时尚女性一族的选择。

河狸家的美甲服务在微博上得到了很多明星的推荐，李小璐、张歆艺、刘涛、陈伟霆在微博上都发布了自己的体验，对河狸家的宣传也引起了粉丝的兴趣。大 S、陈彦妃、六六、周冰倩、李艾等明星亲身体验过河狸家美甲，在自媒体上盛赞河狸家。河狸家一时成为热词，可以说是掀起了借明星影响力进行营销的热潮。

这些明星的微博所能影响的女性粉丝上千万，这种影响力把河狸家推向了公众关注的聚光灯下，河狸家 APP 迅速膨胀，并成为时尚女性的热门话题，让上门美甲服务风靡一时。

如果说河狸家借助明星和意见领袖迅速扩大了自身影响力，roseonly 借用明星强化其高端定位。

2013 年情人节，李小璐发微博晒出贾乃亮送自己的一大束玫瑰花，并附文字说明："我和甜馨儿好幸福，有你的 only true love 就心满意足了哦。"实际上"only true love"指的就是定位一生只送一人的鲜花品牌——roseonly。

经过李小璐的微博营销，roseonly 一炮而红，为花店的官方微博带来了梯形的粉丝增长，花店的知名度迅速提升。如今，在 roseonly 的官方微博，你常常能够看到一些明星怀抱 roseonly 的花束出镜，明星的知名度进一步强化了 roseonly 高端鲜花品牌的概念定位。

对于企业借助明星的知名度进行营销，要分析明星的个人风格是否与品牌形象相契合，是否能够很好地表现品牌价值，进行有效嫁接。同时，还要考虑他的粉丝质量如何，粉丝有多少是真正对企业有价值的，有多少是潜在用户，有多少是自己的已有用户，而不是被明星的光环所迷惑。

请明星为产品做宣传时，也要考虑营销的内容和形式。过于直接的硬推销常常不受粉丝欢迎，甚至会降低粉丝对明星的评价，对品牌也难以产生好感。如张杰自称核磁共振时戴着耳机的不实微博广告，被网友扒皮后，遭遇尴尬，也损害了自己的形象，品牌也没有得到想要的营销效果。

制造事件

企业自媒体除了利用已有的大事件为自己寻求产品和服务的引爆点之外，还要学着自己制造事件。毕竟，大事件不是想有就有，而且规划得不到位，就失去了特色。自己炒作则不一样，炒作得好，就能在粉丝群中实现快速扩散。

1. “炒”的力量

注意力经济时代，酒好也怕巷子深。要吸引公众的注意，常常要靠“炒”来推广。

网络社会，能提供的东西很多，每个人都在生产、每个人都在创造、每个人都在浏览、每个人都在遗忘。好的电影，好的音乐作品，好的电视节目，好的艺术作品，如果没有得到大家的关注，它的价值又能发挥到何种程度呢？与此同时，即使是平庸的作品，一番炒作后，也能别有味道，甚至能在聚光灯下，光芒四射。

这种炒作的力量以电影宣传尤其能够说明其威力。

《小时代3》和《后会无期》同期上映时，片方炮制“郭敬明韩寒大战”的话题，让两部电影的票房一路看涨。《白发魔女传之明日天国》更是不遗余力大秀黄晓明和范冰冰的火热激情，让不少人侧目以视，冲进电影院。《老男孩之猛龙过江》让神曲《小苹果》唱遍大江南北，更是成为广场舞大妈们的必备神曲。娱乐圈一片火热，众多网友也是心情澎湃。千万人共享同一话题，纷纷涌入电影院。如果你没看过，你没听过，或者你没有这些谈资，分分钟你就落伍。

《小时代》的炒作尤为轰动。《小时代》上映前后，网络上硝烟滚滚。各种话题和骂战，几乎都围绕着“郭敬明”、“小时代”这些标签，其噱头甚至盖过参演影片所有明星的影响力的总和。虽被党报点名批评，影片平庸低劣靠炒作骗票房，但骂归骂，却不影响人们涌入电影院，看看这个所谓的滥俗的电影，然后统一战线，在微博上、微信上大肆吐槽。其轰动效应后的票房，让一众商业人士眼睛一片血红，羡慕嫉妒恨，酸甜苦辣咸尝个遍。论及从炒作得到的好处，可以说《小时代》一出，难有能出其右者。

自媒体的世界，是一个共享话题、共享娱乐的世界。大手笔炒作的结果就是，它能够短时间迅速聚集起千百万用户，把自己变成网友目中的焦点，口中的谈资。而炒作出的品牌一旦受到公众的关注，其营销效果是在做乘法，商业价值不可估量，其发展势头更是顺流直上。

炒作是一种引诱，也是一种欢快而美好的引诱。不管是不是好的内容，重要的是让受众参与其中，让受众有一种愉快感和欢乐的体验。当然，炒也看手法，有人手法老辣，有人手法低劣，虽有同样的轰动效应，然而如果让受众像眼中长刺，心中不停大骂，感觉上当受骗，就是自断后路，亦是行之不远的。

2. “炒”的技巧

受欢迎的广告虽手法新奇大胆，但有一个共通点，即 beaty（美女）、beast（野兽）、baby（婴儿）常常出境。为什么呢？因为这些都是大家喜欢的事物。炒作也一样，没有特别的技巧，只是符合公众的爱好而已。

我们看一看 2014 年的微博热门事件吧。

> 2014 年有全民浇水 ALS 冰桶挑战，火热烫手的来自星星的你，欢乐的周一见，且行且珍惜，也有嫖娼吸毒明星队的监狱风云，锋菲复合等；消费上有天猫购物狂欢节，黑色星期五海外购物节等；体育界有世界杯、微博评球等；电商界有苹果的新品发布，肾六与削肾客等。直到 2015 年年初，成龙“duang”词一出，2014 年才算完美落幕。

微博搭台，众人唱戏。这些事件，五分是自发生，十二分是热炒作。如乐队花车效应在微博空间里发挥得淋漓尽致，人们喜欢的是跟从自我，跟从潮流，跟从趋势，跳上花车，一起狂欢。而参与热门活动时，受众的好奇心理、八卦心理、占便宜心理，在跟从热门事件中被一再地唤起，并一再地被实现。

对企业来说，炒作的要诀是顺应受众的喜好，保持玩乐的心态，做有策略的事情。

自媒体炒作体现的是一种智力比拼，是策略的组合。炒作时，可以单兵操作，可以合作唱双簧，也可以多人参与，多台唱戏。我自搭台先造势，他人搭台我借势，线上线下一起来，制造事件，制造热点，制造风潮；手法上，或是以情感人，或是以悬念、误导、争议等来吸引人，或是调侃吐槽以娱人，都要做到新颖、新奇、有新意，符合用户的口味，带给公众以欢乐和好处。

进一步来说，自媒体炒作一大手法就是在单打独斗时，即使你是只丑小鸭，你骨子里也要认为自己是只美天鹅；不管你是不是土穷矬，你也要装得高大上。叫个鸭子，带上鸭子，还要带上帅哥。上门美甲，叫上美女，还要开上美车。可以很商业，你不能没情怀。可以率性而为，但不能简单粗暴。有钱你也不能太任性，要带用户一起花。像天猫，有钱还有便宜。像京东，背后有人还有绯闻和爱情。

双簧唱戏时，可以和朋友合作，和敌人合作，或是无意，或是有意，制造争议，制造事件，让观众围观。就像电商大战中苏宁与天猫打脸“双 11”，即便意不在炒作，却在微博上引来 1 亿多用户的阅读和围观，收益颇丰。

总之，在互联网的世界里，企业进行自我炒作就要顺从受众的心理和口味，选择不走寻常路，即便走了寻常路，你也要走出自己的风格和特色。

3. 新闻策：让“好”新闻和品牌联系在一起

所谓新闻策，是指企业利用社会上有价值、影响面广的新闻，不失时机而又恰当地与自己的品牌联系在一起，达到借力发力、借势发力的效果。当然，企业也可以通过策划、组织和制造具有新闻价值的热点事件来炒作，吸引媒体、社会大众的兴趣和关注。新闻策主要有两种方式，一种是借用新闻，另一种是制造新闻。

为什么要运用新闻的形式呢？因为新闻是一种优势资源，能够聚焦受众的眼球，具有社会能见度高、关注度大的特点，并且新闻有一种权威性和公信力，好的新闻能够为品牌加分，有时更是树立品牌良好的外在形象的一大利器。相比硬推广和软文等，好新闻的营销效果更为深入，借用新闻的形式有时能够潜移默化影响消费者，培植其对品牌更深入的好感。相对来说，投入也比较少，是品牌提升知名度的一大途径。

国内比较擅长利用新闻进行品牌营销的要数海尔了。海尔每年的新闻发布会很多，同时也把新闻营销作为企业营销推广的一个重要工程，进行精心的策划和操作。高品质的产品、高水准的服务，通过新闻的宣传，海尔积极正面的品牌形象已经深入人心。

借用新闻，就是做嫁接，跟随新闻热点，发现与自己相关的、能为自己所用的新闻，借助时事新闻热点的东风，把企业推到公众的面前。制造好新闻，充分发挥自己的优势，利用好自身的有利条件，进行积极正面的行动，然后通过新闻媒体的传播，产生品牌效应，以求达到打开品牌知名度，提升品牌的美誉度。

制造能够引起公众和媒体关注的新闻的方法很多，如参与公益活动、慈善活动、参与策划大型活动以及社会公益项目等，当然如果企业在某方面做出了突出的成绩，都能够成为企业的好新闻。关键是要利用好新闻，用好的新闻诉说品牌价值，让受众感受到品牌优势。

想要运用好新闻，让新闻为己所用，常常需要一双及时发现新闻的眼睛。企业应该时刻注意新闻媒体的动向，对于新闻媒体的关注趋向进行观察和跟踪，及时发现对自己有利的新闻，及时推出自己，让企业和产品成为关注的对象。

借用新闻的手段进行营销推广时，要注意新闻的时效性，时效性一过，威力就很小。出现好新闻时，反应要敏捷迅速，抓住有利时机，先人一步采取行动。

好形象来自好新闻。对企业自媒体来说，要提升自身形象，做出为人们喜闻乐见的好新闻，关键是具有一种创新、创意、创造的思维，以消费者为中心，通过好新闻传达出品牌能够为人们创造的美好价值。

4. 造势策：主动策划、制造“大事件”

Scarpa 埋车事件，就是一场成功的造势营销。

Scarpa 用埋葬豪车的行为引发舆论，吊起了人们的胃口，也博足了眼球。整个事件造势非常成功，有创意、有逻辑，有转折又有进度。这个活动背后策划的人是全球知名的广告公司李奥贝纳，他成功运用了媒体想炒新闻，民众喜欢批判时事的心态，借用埋车的噱头为公益造势，大出意料，效果非凡，炒出了“不可思议”，非常成功。

对于企业，造势就是企业自己主动策划、积极制造出一些引人注目的成为社会热点的事件，从而吸引受众关注。

企业要打开自己的知名度，有时是借势，有时是采用造势的手法。相比于造势，虽然借势比较简单，成本也低，然而并不是所有的热点事件都能够借用，而且有一些热点事件并不一定符合品牌自身的内涵和个性，这个就需要企业发挥聪明才智，自己主动去制造一些热点事件来引起公众的关注。

关于造势，我们可以看一下韩后包版利用悬念制造观众关注热点，进行自我造势的案例。

2013 年 8 月 20 日，南方都市报出现了一则整版广告，一位自称张太的人，劝“前任张太”放手，内容如下：

前任张太：你放手吧！输赢已定。好男人，只属于懂得搞好自己的女人！祝你早日醒悟。搞好自己，愿，天下无三。——张太。

这则张太公开叫板正室，语言出格，颇具争议的报纸广告，是护肤品牌韩后的悬念广告，后来登上了门户网站首页，引发网友转载，在网络上更是成为谈论热点，各种版本的"张太体"在网络上相继出现，娱乐了广大网友的同时，韩后也是一战成名。

韩后只是花了报纸一个版的广告费，却成为关注热点，这种造势可以说是以小博大，投资少，回报高。

同样是造势，我们看一下 A21 的案例。

2013 年双 11 前，中国的线上服装品牌 A21 在"世界十字路口"的纽约时代广场投了 3 天巨幅广告，在广告中打出 A21 携手天猫，强强联合打造购物狂欢节的内容。这个事件据说吸引了国外主流媒体的报道，在国内也引起各方争议和报道。这场宣称包了时代广场的广告，作为 A21 的高光秀，成为 A21 的借势营销。

"包场时代广场"并不新鲜，中国的一些大品牌都有做过，然而一般的线上品牌在时代广场做广告就极少了，这也是 A21 引起关注的一大原因。当然，相比韩后的小成本制造关注热点，A21 包场纽约时代广场的造势更多是一种烧钱营销，造的是一种气势。相似的是，都属于线下包场，线上炒热，线下的事件成为线上的热点。这种造势，造出的是一种眼球效应。

当然，也有在线上完全炒热的经典造势案例，如南都周刊的大手笔——"周一见"。南都周刊放出文章姚笛三角恋的消息后，并不把事情说清楚，而是说"周一见"，绯闻事件被迅速炒热，并进一步发酵，吊足了网友八卦的胃口。周一放出消息后，"饿"了两天的网友的情绪在周一爆发。借着文姚事件，南都周刊成为公众的焦点，在纸质媒体中更是脱颖而出。

从这些案例可以看出，有的造势者造出的势头强劲，引人注目。有的则反其道而行，比较曲折，吊起受众的胃口，吸引他们主动去探索和发现事件背后的秘密。

造势是为品牌服务，品牌才是重点。然而，用户有时候会为事件热点所吸引，而忽视热点背后的品牌，因而企业制造热点吸引公众关注时，不管策划的是什么样的事件，造势最关键的还是让自己的品牌为用户所知才是最主要的，要避免热点事件光芒太强，品牌反而被忽略，从而丧失了造势的价值。

5. 活动策：用活动吸引粉丝

所谓活动策，是指通过策划活动，吸引用户的参与，以达到促进产品销售，炒热品牌的目的。

自媒体时代，制造事件不是用来观望的，而是用来参与的。吊起用户的胃口，让用户参与到企业策划的活动中，用参与感活跃起用户，营销效果才能水到渠成。

成功的营销在于定位一个目标市场，找到一个噱头，用活动把人们聚集起来。活动前，要进行充分的预热，吊足人们的胃口和参与的欲望。活动开始后，人们积累的热情得到释放，狂热参与，活动大热。所有人都玩得很开心，过足了瘾，而你炒热了产品，炒热了品牌，皆大欢喜。

提起用活动吸引用户，既赚得满钵金，又赚了名声的，最成功的案例是1号店的闪购。

闪购，就是限时抢购。电商实行商品特卖，限时限量，售完即止。闪购并不稀奇，但是，1号店的“进口牛奶闪购”活动的老辣在于，它把闪购＋吉尼斯纪录捆绑起来进行营销。

“3月18日10：00进口牛奶5折开抢，一天抢光30个集装箱牛奶，吉尼斯世界纪录由你来创造”，这是活动的口号。这个活动在前期就进行了充分的预热，先是在线下放出地铁广告，然后在线上发布前期召集海报，用微博意见领袖姚晨来代言，重口味的活动，重口味的数字，活动在网络上得到传播，人们对活动的参与感被大大地激发出来，闪购的气氛被炒热，很多人抢购的动机已经不再是为了抢牛奶，而是为了创纪录。

3月18日上午10点，1号店“进口牛奶闪购”活动开始售卖后，在52分25秒内就卖出了30个集装箱的牛奶，共计60万盒，该数字申报“最短时间卖出最多牛奶”的吉尼斯世界纪录成功。闪购结束后，在微博上出现了“林大奋”漫画并传播数据，“上1号店买个奶，吉尼斯纪录就破了。”

整个营销过程，线上线下火力全开，网民的参与感被调动起来。抢购后，网民的热情得到释放，买到了低价的进口牛奶，又创造了纪录。1号店的品牌和产品都卖出去了，营销效果自不待言。

进行活动营销，常常需要一个热门的口号。1号店把自己的活动和吉尼斯纪录联系在一起，这是一个为大家熟知的、能够煽动人们参与热情的、鼓动众人加入的口号。在进行活动设计时，口号要新颖，又要贴合大众，为众多人所喜闻乐见，能调动众多人的参与热情。反之，口号新颖却小众，只能是自我设限。口号贴合大众却不新颖，又不能引起大家的兴趣，效果也很有限。

进行营销活动，一定要给用户感觉到的好处。无论是低价的进口牛奶，还是吉尼斯纪录，这种有形的实惠和无形的参与价值，都是你给予用户的惊喜。给予用户以惊喜，更多时候，你会收获更多的惊喜。

6. 概念策：创造一种“新理念”、“新潮流”

所谓概念策，是指企业为自己的产品或者服务所创造的一种新理念、新潮流。

在同质化内容、同质化产品的时代，一个与众不同且能抓住受众的眼球和心智的概念，常常能够让企业在一众竞争者中脱颖而出，帮助企业摆脱已有的市场束缚，走向更大的发展空间。

中国人讲究一把菜刀走天下。概念营销有些类似，一个好的概念，常常能够起到撬动市场，达到带你飞的效果。

以前，我们会在特定的日子在网上“买！买！买！”吗？不会！光棍节跟购物有关系吗？没有！但是淘宝硬是造了这么一个节日，让你在网上购物买不停。

据说，“双 11”策划人当初在策划购物节点时，只是因为 11 月是消费的高发期，消费者需要购买各种换季用品。为了给节日促销找一个理由，就发现了草根的光棍节——“双 11”。这个附加了商家促销的需求的节日——天猫的“双 11”购物节制造了一个购物新潮流，随之为广大网民培养出了一个新的购物习惯。

这个新的购物理念，在 2009 年的淘宝商城通过“光棍节”促销时达到了 5 200 万元的销售额，到 2014 年“双 11”当天天猫成交额达 571.12 亿元，创下在线零售的世界纪录。

当然，再新的理念，再新的潮流，都是来自于消费者的需求。如果消费者没有这样的需求，给你再多的支点，估计也是撬不动的。概念只是一个触发点，天猫的“双 11”购物狂欢节就是点燃了消费者已有的购物热情，迎合了消费者的节日情怀，为他们提供了一个爆发购物热情的理由。

概念既然来自于需求，要有好的概念才能捆绑需求，并转化为进一步的需求。因而，概念最重要的是要做到与众不同，有新意、符合新潮流、新趋势，如此才能吸引大批人争先恐后去追逐。各大电商虽然紧随天猫购物节，制造了各版本节日，各类节日的概念在市场上相继推出，但是这些节日只是吸引消费者去参与促销的一个理由，不再具有双 11 购物节的概念所包含的新意了。

对于企业，产品或是服务有自己独特的概念非常重要。毕竟，企业的产品和服务，做得再好，都是没有生机的东西。你要用概念让他们有生气又有生机，用这样的东西去吸引消费者，进入他们的视野，让他人意识到你的独具一格，然后去主动地关注和了解你。产品有了好的概念常常就会产生一种凝聚力，如小米为发烧而生，这样的概念又成就了多少小米的发烧友呢?

对于企业自媒体，有则有，无则造。通过创造好产品和好服务，制造好的概念。反之，创造概念时，不能乱造，真的无法从产品、服务、品牌中提取新内容也不能生搬硬套。如果无中生有，或是造的不合实际，画虎不成反似猫，就很难真正收到用概念影响目标消费群的好效果。

7. 如何实现低成本传播

企业的营销宣传工作中，明星策略和体育策略需要大笔的资金投入。如何在有限的预算之内实现低成本的传播呢?

娱乐、情绪、利益、求知、大事件是社会广泛传播的五个要素。对于企业自媒体而言，低成本传播的实现手段也要从广泛传播的要素出发。

在自媒体时代，一个内容若想得到广泛的传播，需要具备以下七个要点：

第一，强烈的情绪、情感。

情绪化的东西更易于传播。人是感性动物，会被他人的情绪感染，被感染后自然会分享给他人，因而就成了传播的媒介。

如网上广为传播的法拉利飙车相撞事件、城管打人事件、女司机打人事件等，都引起了社会的广泛关注，全民都参与到了讨论之中，就是因为它能激起大众的情绪和情感。

第二，对个人有利。

利益永远是人们的关注点。在各类自媒体横行的时代，企业自媒体如何吸引用户的注意，让用户觉得值得一看，是企业要解决的首要问题。

首先要让自媒体的内容与用户相关，让用户觉得对自己有利。如有关美容、减肥的话题，对女性朋友非常有吸引力，因为对她们有利。又如马靖昊的自媒体，在会计或者对财会感兴趣的人群中传播得比较快，因为内容对这类人有利。

第三，娱乐性和幽默。

具有娱乐性、幽默的内容也能够实现低成本的传播，因为这满足了用户情绪、情感方面的需求。娱乐、幽默的内容能给用户带来快乐和喜感，而快乐的事情，有利于分享和传播。如“作家崔成浩”的微博，调侃的语言和富有喜感的图片，能带给粉丝快乐。

第四，时尚美。

时尚的内容更能吸引年轻人的关注，因为年轻人更容易接受新产品和新知识。所以，企业的自媒体要具备时尚性、前沿性。

第五，好奇、求知。

人们都有好奇心，喜欢猎奇，能够满足用户好奇心、求知欲的内容，常常吸引人的注意力。同时，人们都喜欢科普，喜欢被人关注、被人需要。当自己的好奇心和求知欲被满足之后，就急切地希望找到倾诉对象，向对方分享。

第六，大事件、名人。

大事件、名人是传播的一个很好的载体。大事件很容易吸引用户的眼球，让用户参与其中。而名人的光环效应，也能轻松受到粉丝的高度关注。如极具互联网思维的“褚橙”，它的宣传和火爆就是借用了名人褚时健的故事。因为褚橙中蕴含的励志故事，能引起用户情绪、情感上的共鸣，从而超越了用户对橙子的预期。

第七，“色诱”的力量。

“性”是马斯洛需求理论中生理需求的一种，其影响力和诱惑力非常强大。但是“性”和“色”属于法律严密管控的范围，在应用中需要拿捏火候和尺度。适当贴近“性”的题材可以快速得到广泛的关注，但是一定要控制尺度，不能触碰法律底线。

下面是一个低成本运作自媒体的典型案例。

深圳女孩静静2008年在家人的支持下成立了一家纸箱生产厂，为很多电子电器制造商提供纸箱，包括华为、TP-Link等知名企业。2013年以来，由于纸箱生产领域的竞争越来越激烈，静静一直在想如何突破。

一个朋友的提醒，让静静有了转机。

静静和一个朋友一起建立了一个微信公共号，宣传互联网知识和跟踪热点事件。虽然她们经常为了一个帖子花一整天的时间，但因为内容是原创且有趣，她们所运营的微信公众号每次推出的内容都非常受欢迎，获得了很多的好评，更收获了众多的粉丝。

这时，静静有了一个新思路，之前的纸箱都是销售给制造型企业的，为什么不能向个人客户尤其是白领阶层设计一些纸箱产品呢。于是，静静设计了一些产品，订了一台可以个性喷绘的塑胶喷绘机，为每个书架提供个性化的图案设计。这个思路一出，得到了许多朋友和粉丝的广泛支持，订单接踵而至，静静的转型获得了成功！

让标题“性感”起来

企业自媒体做内容并不容易，毕竟用户们每天都被大量的信息狂轰滥炸着，视觉疲劳、心理疲劳，很容易便会忽略企业的内容。这时企业自媒体就要为自己的内容找到亮点。从标题入手，便可以达到这种效果。

1. 与名人、名企、社会热点相关

做标题要善于借势、蹭名气、蹭热度。与请名人代言相似，标题也要学会借着受关注的名人、名气、社会热点来作文章，吸引读者。

标题中提及名人、名企会让读者有看文章的兴趣。同时，文案标题联系时下的网络文化、热门事件和热点话题，运用网络流行语，也能吸引目光。当然，标题要与文章主题相联系，找到热词与主题的契合点，不要生搬硬套，会显得简单粗暴而无趣。在标题借用热词来抓眼球时，要注意流行词的“含金量”，切忌用多用滥。

举例：

（1）名人

马云在艺术展上看了啥？

马斯克点名要“约”李彦宏？

文章以好爸爸形象加盟真人秀就能洗白啦?

（2）名企

阿里巴巴集团宣布将口碑网资产注入淘宝网。

谷歌也犯大企业病：越来越像另一家微软。

优酷土豆拿什么对抗《奇葩说》?

（3）热点

香港与澳门，且行且珍惜。

duang 的一下，又倒下只大老虎。

时尚时尚最时尚，变色智能高跟鞋。

2. 求知八卦好奇

人对于知识有普遍的探索欲望，因此要利用人们求知的欲望达到宣传自己的目的。

人们都希望能够不用花费太多心力和时间就能获得一些解决问题的诀窍，为自己节省时间的同时也希望能够快速而有效地解决问题。

想要用标题吸引自己的用户群，可以把解决问题的秘诀融合在标题中，提供给用户看，帮助用户解决问题，让用户获得新知识、新技能。这不仅能得到用户的关注，而且也大受用户的欢迎。

吸引人眼球的能为人们提供解决问题秘诀的标题，常常包括这样的关键字：如何、为什么、方法、秘诀、策略、攻略、教程等。

（1）如何

如何快速减肥不伤身体?

如何利用网络书签做网络推广和网站优化?

（2）怎样

怎样旅行最省钱？

10万元投入理财，怎样做收益最高？

（3）为什么

微信公众平台为什么会火？

人家也是120平方米，为何装修得这么好看？

（4）秘诀

正确喝水的6大秘诀。

让你放心吃甜点的4大秘诀。

（5）策略

成功职业女性处世的10大策略。

网赚新人必知的4大盈利策略！

（6）攻略

科学补肾3大攻略。

最佳减肥攻略：3大纪律8大注意。

（7）方法

快速健康减肥的5大方法。

让孩子学会朗读家长可用的4个方法。

（8）教程

“3·15”防骗指南教程：6大骗术要注意。

手把手教你组装电脑的图文教程。

3. 勾起读者的好奇心

好奇心是人们打开一条信息的钥匙。大部分人都会对某些话题感兴趣。这时你可以用一些带有神秘字眼、内部消息气息的标题，勾起读者的好奇心，使读者猜想文章内容，在兴趣的驱使下，主动打开并阅读。

做标题，要善于发现用户喜欢关注的话题和内容，通过能够引起他们好奇心的内容吸引他们，勾起他们的兴趣，让他们疑惑，进而产生想打开内容一窥究竟的欲望。

吸引用户的关注，勾起他们好奇心的关键词有：秘密、秘诀、揭秘、内幕、神奇、独家分享等。

（1）揭秘

揭秘中国最邪门的24件神秘惊悚事件。

防晒的N个真相揭秘。

（2）秘密

打造爆品的5个秘密。

认清信用卡理财产品的小秘密，赚钱快快哒。

（3）内幕

上海一霸黄菊双规后其自杀的真正原因。

一个福彩内部员工的自述：中国彩票的内幕。

（4）神奇

对抗雾霾必备10款日本神奇产品。

史上十大最神奇双胞胎的故事。

（5）独家分享

个人独家分享，一步一步地护肤经验整理帖。

招商难？从0到2 000家！招商秘籍独家分享。

4. 独一无二的“最”

“最”是一种光芒，人们都有一种追求最好的心理：获得最有价值的东西，掌握最有用的技巧，让“最”成为自己的标签。“最”背后代表的意义就是好和优越。

阅读标题时，“最”能让别人潜意识接受标题中所述的内容的“重要性”，感觉到一种“紧张感”，如果错过了“最”，仿佛就错过了什么的感觉效果。

这种使用“最”一定要具有说服力。但是，企业自媒体在利用“最”进行自我标榜时，不能给读者一种王婆卖瓜自卖自夸的感觉。可以选择以第三者的口吻进行口碑宣传，让读者在潜意识中接受品牌的地位。当然，“最”不能用滥，用得太多便不可信了，如此就是失去了“最”的权威性，只能成为吸引人的手法而已。而如果读者感觉到这种“最”字背后的不实，即便后来的内容再有价值，他们也宁愿放弃。

与最有关的关键词：最牛、最美、最新、最火、最好、最坏、最贵、最便宜、最傻等。

史上最牛钉子户。

史上最厉害的团购网。

史上最美三星手机来啦。

最有用的理财知识。

最能赚钱的十个加盟店。

2014 年最火的十大旅游景区。

2015 年男女屌丝最新十大标准你中枪了吗？

水都健身 10 周年优惠活动！ 10 年最便宜价格！

最便宜小车“nano”低成本技术曝光。

外媒盘点 10 个最傻手机功能，三星多次中枪。

5. 包含目标客户关注的热门关键词

想要影响你的目标客户，就要用针对性的标题进行精准营销，从而过滤掉不重要的、不相关的用户。其中一个有效的方法就是要总结出自己的目标用户群的特点，用点明式标题，指名道姓喊出这个群体的用户来，同时选择与自己的用户群相关的，把他们关心和关注的关键词放在标题中。

举例：

商铺营销 3 大绝招。

如何提高电话销售的效率？

给那些养狗人的建议。

水瓶座的女生注意啦！

春天护理妈妈有高招。

装修小白，不点进来看保证你后悔。

创业者需要知道的十大箴言。

普通投资者如何玩转 ETF 期权？

做端游的你为何没能搞定手游开发？

5 个步骤阅读果岭，让你的推杆精准到位。

顶级高手六招炒股不败法则。

6. 带量化数字，更吸引眼球

很多人在阅读文章标题时，对标题中的数字比较敏感，而相比全是文字的标题，带数字的标题更能吸引人的注意。标题采用数字，往往具有一定的表现力。用具体或者特定的数字来强调内容，能够达到意想不到的效果。

对于作者，文章用数字来把要说的点具体化，能够完整清晰地表达作者的意思，只通过标题就能传达给读者。对于读者，标题中具有直接明了的数字，会认为作者在表述时，内容简明有条理，能够快速理解内容或掌握技巧。

在运用数字时，要具体，不能泛化为几大、很多、大多等模糊的数量。

举例：

网站优化的 3 个细节。

十度互动谈网站建设的 5 个必经步骤。

Demo Day 创业者要小心的 7 个陷阱。

B2C 购物网站用户体验方面的 10 个细节。

我是如何用一个月时间打造 100 万网站流量的。

新手必看 10 条装修常识。

女人婚前需要明白的 4 个问题。

60 秒让你知道明星款运动鞋哪家强。

春节假期 7 天“花”了 3 400 亿。

7. 有利——和赚钱、省钱有关

能够赚钱，能够省钱，免费不花钱，这样的标题，往往能够迅速吸引众人的眼球。

和赚钱、省钱有关的关键词：免费、赚钱、省钱、不花钱、低成本等。

（1）省钱

用了这4个妙招，钱居然就省出来了！

家装公司绝不会告诉你的20条省钱秘籍。

教你如何省钱的10种技巧。

（2）赚钱

史上最赚钱的100个标题。

不知道这10个数据，你会错过很多赚钱机会。

（3）低成本

如何低成本维护上千个网站？

教你3个方法，低成本打造智能家居。

（4）免费

注册会员，免费赠送世博会门票。

免费索取微软企业决策绝密资料。

（5）不花钱

不花钱去韩国，你也能行。

天啦，不花一分钱装修他是怎么做到的？

8. 幽默带点颜色

2014年年初，各种版本的“你的男朋友亲了你的闺蜜”火遍大江南北。

大致的结构是这样的：“某月某日，某某影城6点45分《筷子兄弟猛龙过江》，7排05座的女生，你去厕所的时候，你的男朋友亲了你的闺蜜，希望你可以知道。转发正能量，别问我是谁，我叫雷锋。”

这个帖子火了之后，各大媒体、微博、微信平台不断出现各种版本，一个轻量级低成本的段子，却达到了很好的效果。

现代人的压力很大，因此，幽默的内容可以让人们放松心情。

企业自媒体如何创作幽默的内容呢？

首先要了解人们发笑的原因。从本质上讲，发笑是人们看到别人的行为愚蠢、糊涂而产生的快乐感受。而让人显得愚蠢、糊涂、笨拙的最典型的形式就是错位、误解和惯性思维。

她是北大汇丰商学院的一位招生女老师，微信上有1 400多名好友，多数都是以前的学员，她一直希望通过微信扩大招生的影响，但是效果一直不佳。她是一个年轻漂亮、平时非常活泼外向的人，但是微信的内容却非常正统甚至呆板，要么是些关于管理励志的帖子，要么是招生的通知书，缺少生动的内容。后来，她改变了发帖的策略。

"今天有个男的过来找我，想要我的电话，我电话2 000多买的呢，怎么能给你呢。结果这男的又说是想要我的电话号码，可是我的电话号码已经用了好几年了，怎么能给他呢。结果那个男的脸色铁青的就走了。"

这个微信发出去之后，一个小时之内就有了100多个点赞和评论，很多老学员跟着起哄。

后来，这位朋友会经常按照"三正一邪"的发帖规律，在比较正式的帖子之间发一些搞笑、神经、自黑甚至稍微有点"色"的帖子，微信的好友们一下子就活跃了起来，招生效果也明显提升。

作为专业的自媒体可能不太合适取笑嘲讽他人，那么自嘲、装二卖萌则是一个有效的策略。"作家崔成浩"、"语希范"，走的都是这条路线。

标题要吸引人，幽默是一大要素。幽默体现着撰写标题人的一种智慧。

撰写幽默式标题时，运用生动、幽默的语言让标题变得活泼起来，让人愿意去读。或者是保持适度，并带点颜色。互联网上如何满足人的这种需求，又把它控制在一个合适的范围里面，这就是一个重要的技巧。

下面是几个比较好的标题：

送花给你所爱的人，别忘了你老婆。

老婆没工作月赚3万，我怀疑自己是不是被绿了。

小三房，欢迎丈母娘。

小姐与嫖客是最佳网络商业模式。

如何用互联网思维改造一座青楼？

瞧雷军如何抱得美人归？凡客哭了，老罗软了。

Chapter 5
“优质”内容是基本功

在自媒体时代，内容才是王道。企业做自媒体，要在内容上下功夫。内容到位，自然能吸引用户的眼球。

玩的就是**自媒体**

自媒体展示的四大形式

企业自媒体展示有四大形式：文字、图片、音频和视频。企业在进行自媒体运营时，要掌握这四种形式的表现技巧，发挥它们的优势。

1. 文字：感性 + 逻辑

做自媒体内容，文字要兼顾感性和逻辑。

自媒体做内容，是用文字与读者沟通。读者是人，是人就会有感情，所以，文字就要以感性的方式去接近读者，让文字走进他们的内心世界，使其动情。这也就意味着，文字要富有人情味，使用读者喜欢的语言与读者交流。

自媒体内容是面向读者的，是用文字去说服读者，那么逻辑就很重要。文字有逻辑，即是要求语言自然流畅，有条理，有重点，让读者很容易就能掌握和理解。

文字要强调逻辑，同时不失感性

一篇文章如果没有逻辑，前后不连贯，条理不清晰，行文不流畅，就会让读者在阅读时感到混乱。如果还用感性的方式，就会让读者心烦。同样，如果过于强调逻辑性，内容呆板生硬，也会让读者阅读起来感到无趣。所以，文字要有逻辑而不失感性。

根据内容的不同，感性和逻辑要分别有所侧重

依据叙述的内容，要选择适合的诉说方式。

如果一些内容需要以公信力为自己作证时，过于感性的文字就不能让读者信服，需要以一种说理的、富有逻辑的方式传达信息，以获得用户理性的认可。如果内容是介绍最新款的手机，就要逻辑清晰，简明扼要地告诉读者手机的特点和功能，明确地让他们了解最重要的信息。

同样，想要表达情感时，在文字叙述中，笔调就要轻触读者的感觉，以感性的方式让读者产生心理上的共鸣。如果要用文字描述一个关于品牌背后的故事，那么文字就需要柔和一点，让读者在不知不觉中融入文字所营造的氛围中，在潜移默化中接受你要传达给他们的感觉。

文字易读性强，让读者容易理解

无论是用感性的方式，还是逻辑的方式，在用文字表达内容时，都要遵循一条重要的原则，即让读者易于理解。

在轻阅读时代，无论你的观点多么深刻，多么具有启发性，如果你是以一种艰深的方式在叙述，读者就会难以理解，其启发性也会减半。所以，不管思想的深度如何，内容的难度如何，都要以一种易于理解的方式展示给读者，以一种灵巧的方式说给读者听。

2. 图片：美感 + 搞笑

以新闻来说，新闻配图片是为了说明内容。做自媒体，图片的存在则是

为了发挥另一种功能，即吸引读者的眼球，吸引读者阅读内容，提升自媒体内容的可观赏性。

一篇有图片的文章和没有配图的文章，你会选择先阅读哪一篇呢？很多人都会选择带图片的文章。因为，在轻阅读时代，带有图片的文章能够缓解我们的视觉压力和思考压力，让我们阅读起来更加轻松。

通常，在阅读文章时，如果没有图片人们会觉得内容读起来有些枯燥。而如果有了图片，这种内容的阅读难度在他们眼中会略略降低。同时，一些有趣的图片能够让读者在轻松愉快的情绪下，接收图片传达的内容。

那么，作为自媒体在展示时，应该选择什么样的图片呢？一般选择具有美感的图片或搞笑的图片。

具有美感的图片，能够给读者带来美的享受。如美女图片、有创意的设计图片、美丽的风景图片等，这类图片的美通常比较符合读者的审美需求，能够吸引读者，让读者乐于观赏。

除了具有美感的图片外，搞笑图片也是很好的选择。因为搞笑图片具有趣味性，能让读者心情愉快。搞笑的图片，能够让读者在哈哈一笑中拉近自己与作者之间的距离。如果读者感到开心，那么他们会把这种感觉带到阅读中，对自己看到的内容的记忆力也会很深。

美感图片和搞笑图片的另一大好处还在于，它们能够很好地迎合读者的分享需求。更多的读者会在看到这类图片后，把图片分享给更多的人，让他们也获得愉悦。这种扩散式的传播，无形中扩大了自媒体内容的影响范围。

总之，进行自媒体展示，美感图片和搞笑图片承载的信息比较有趣，方式简单，效果良好。想一想，如果你的文字内容不够精彩，那就加图吧，让图片给读者以美的享受。

3. 音频：悦耳＋动人

听东西和看图片、视频和文字不同，这不仅释放了听者的双手，也不费眼睛，只需要用耳朵去倾听就够了。所以，音频对于读者是一个比较好的使用情境。对于企业，音频也是一个很好的自媒体展示方式。

但是，什么样的音频效果比较好呢？答案是，悦耳和动人的。

悦耳是指音频的感觉好；动人是指音频能够吸引听众。而想要做出有吸引力的音频，需要注意以下几点：

第一，从音频感觉来说，音频要悦耳动听。

以听音乐来说，悦耳的音乐进入我们的耳朵，常常能够带来一种听觉享受；感人的音乐进入耳朵，能够给我们带来一种心灵的感受。所以，做音频要依照音乐给人的感觉去做，声音悦耳动听，达到以音悦人，以音动人。

第二，从音频的长度来说，不能太长。

用户的耐性很小，他没有足够的耐心去听一条超过 3 分钟以上的音频，除非你的内容特别吸引人，不然打开率会很低。以逻辑思维的罗振宇的 60 秒语音来说，只有 1 分钟，非常短，读者听起来毫无压力。

第三，从音频的内容来说，内容要有价值。

或是逗乐听众，或是启发听众，一定要让听众感觉自己的时间没有白费。如果听众花了时间，却没有让他们得到好东西，听众自然不会有好的评价。所以，做音频，内容宁缺毋滥，不要去试探听众的底线，耗费自己的时间。

第四，从阐述方式来说，音频要吸引人。

还是参考罗振宇的 60 秒语音。罗振宇采用的是闲话家常的方式，开篇时都会有一个吸引人的引子，有时他会说，他和朋友聊天，最近提到了什么，以此为听众创造一个听的情景，让他们有兴趣听下去。所以，音频引人入胜很重要。如果听众刚打开你的音频文件，一进入耳朵就判断为内容属于平淡无聊，不合胃口，听众就很难继续听下去了。

所以，做音频，要做到感觉好，内容到位，有吸引力，符合听众口味，时长合适。如此音频的打开率才会提高。

4. 视频：短小 + 内涵

作为自媒体的第四大展示形式，视频自媒体很受欢迎。它容量大，方便，快捷，与文字相比，更能满足现代人在感官体验上对视听一体的需求。

那么，什么样的自媒体视频会吸引观众，可以达到好的传播效果呢？答案是短小的和具有内涵的视频。

第一，视频的篇幅要短小。

一个不到 3 分钟的搞笑视频和一个 10 分钟的搞笑视频，你会选择哪个？对于希望能够在短时间内快速得到欢乐，快速接触更多新事物的观众来说，大多倾向于选择短小的视频。因为，一条超过 10 分钟的视频所包含的内容太多，需要观众投入更多的心力和时间，不符合他们希望快速获得直接的刺激的需求。

第二，视频应体现一定的内涵。

内涵关系到视频的趣味性和吸引力。如今读者的心理门槛比较高，内容缺乏吸引力，就会无人问津。有内涵的内容，又有一定的趣味性，能够让读者产生观看的兴趣。

所谓内涵，其实只是一种感觉。像给小朋友吃彩虹糖，不是只有一种口味，而是有酸有甜，酸得流口水，吃得很开心。有的内涵视频就是要达到这样的效果。

当然，内涵的含义较多，深度内涵、智慧内涵、创意内涵、搞笑内涵、邪恶内涵等，都是一种内涵。这些内涵视频，表面看起来平淡无奇，观众略一思考却发现内容中还蕴含了另一种意味，看了会觉得出乎意料，认为内容的制作者非常具有想象力。

内涵视频还有另一个优点，那就是视频内容简单，观众看到后能够迅速吸收，快速转化。在内涵视频中融入品牌的信息，就相当于打包出售，让读者感到快乐的同时，能够迅速地记住你的品牌，并能够把从视频中带来的快乐，延续到你的品牌上，对品牌产生好感。

无论是做短小的视频还是有内涵的视频，有一点很重要，那就是视频内容的风格要统一，具有品牌所宣扬的独特个性。

对于自媒体的受众来说，他们很看重一个自媒体有没有自己的风格和个性。一个有风格有个性的自媒体常常会对自己的受众形成一种无形的影响力，把更多的人吸引到自己的平台上。所以，企业自媒体要重视视频展示形式在内容上的整体风格，用视频来表现自己的品牌个性。

主题：专注、极致、口碑、快

很多企业在做自媒体的时候，常常为内容的主题犯愁。其实，企业对自媒体主题的把握，只要做到专注、极致、口碑、快即可，这样就能符合读者的口味。

1. 主题选择切忌面面俱到

做自媒体内容，切忌面面俱到，而是要选择符合自身特点、表现自身优势的关键主题，专注于这些主题，做到极致。

主题相当于是自媒体内容的中心思想，有了一个明确的中心思想，才能实现在内容上的有的放矢，有所专注，进一步从中延伸出一个差异化的自媒体内容品牌。企业自媒体是否有自己的主题定位，这关系到自媒体能不能被读者清晰地识别。

主题选择，切忌面面俱到

很多自媒体在主题选择时，遍地撒网抓主题。如为了吸引流量，会选择一些具有吸引力和最受欢迎的主题内容。而这些主题是多种多样的，有鸡汤文、成功学、吃喝玩乐等，什么最热放什么，什么吸引人放什么，并进行大量的模仿复制，其结果令自己的自媒体空间内充斥着五花八门、令人眼花缭乱的主题。

遍地撒网抓主题，虽然一抓一大把，但却会把自媒体做成一个杂货铺，并不能为自己带来全面的优势。因为，你的自媒体主题杂乱，没有自己的专长，在读者的眼中，你的自媒体便没有独特的内容，即便内容有趣味，整体价值也不高。因此，自媒体的整体吸引力也就不高，也很难在自媒体丛林中脱颖而出。

做的全面不如做的专业

自媒体唯有规划出符合自己的清晰主题，专注于企业所专长的细分主题，才能打造出自己的特点和优势，才能写出专业的文章，吸引更多的读者和用户。

企业自媒体在选择主题时，可以根据自身所处的行业领域、行业特点、自身背景等，定位自己所擅长的主题。这样自媒体做起来便得心应手，也很容易在这些主题上专注精进，把自己做成业内专家，创造出自己的优势。

如果企业是做茶叶品牌的，那么可以将自媒体主题定位在茶叶文化知识，茶道茶艺，茶风茶俗，茶事典故等，做茶产品的延伸，形成一种茶文化，同时贴合自己用户的需求，为用户提供他们想要了解的茶知识等，长期专注于此，一定可以做出自己的品牌。

如果你是与旅游相关的企业，可以聚焦于旅行相关的话题。你可以为读者提供原创实用的旅游指南和旅游攻略，创建旅行社区，帮助用户解答旅行中的疑难问题等。通过这些方式，让你的用户了解更多的旅行知识，为他们出行做准备。同时，你的内容也能够帮助他们避免旅途中可能出现的意外，有助于他们获得更好的旅行体验。

主题选择也要有人气、有新意

主题要符合自己擅长的领域，也要选择有人气、有新意的热点。企业应该补充提供其他平台所不能提供的主题内容，提供比其他平台更为独特的主题。

总之，主题选择不需要面面俱到，而应该选择自己专注的主题，做到用具有差异性优势的主题吸引用户，为用户提供更多的价值，从而确立自己的特色。

2. 聚焦目标读者的口味

自媒体进行主题选择，最重要的是切合目标读者的需求，符合目标读者的口味。因而，企业自媒体在进行主题选择时，要用一种专注、极致、快的思维，进行主题创作。

专注、极致、快的思维意味着，在主题设计上，要专注于目标读者的口味，针对用户的需求和喜好，精心策划主题。同时，要有所创新，快速升级，从目标读者那里获得反馈，实现主题和读者口味的无缝对接。

第一，要专注于目标读者，选择适合他们的主题。

适合目标读者的主题才能吸引读者。要找出这些主题，首先要分析目标读者，分析他们的喜好，他们的兴趣，他们的关注点，然后搜集与主题相关的内容，整合起来，为我所用。

如果目标读者是以年轻女性为主，那么就需要分析她们的特点，筛选出她们最关心的主题。那么，年轻女性会关心什么主题呢？穿衣打扮、美容美体、减肥瘦身、整容整形、时尚潮流、明星八卦、星座、婚嫁、旅游等，这些都是年轻女性关注的话题。

当然，这些主题有的有用，有的可能就没有用，因为你的目标群体是具有差异性的。对于你的目标读者群来说，她们关心的可能只有这些内容的某些特定方面。如婚嫁话题、特定的时尚潮流等。那么你就需要根据自己读者群体的特点，从这些主题中筛选出最合适的、最贴合自己目标读者需求的主题。

第二，要选择在目标群体中具有高人气的主题。

主题选择符合了目标读者的需求，还要分析出最能吸引他们的主题和具有高人气的主题。

如何精确定位高人气的主题呢？数据可以说话。你可以走进互联网，进行比较详尽的网络调研，去发现那些自己的用户经常搜索和自己的业务密切相关的热度很高的主题。

当然，也有一个比较简单而直接的方法，即进入一些你的用户常去的热门网站，对这些网站中排名最高、具有最高浏览量和转发量的内容进行数据分析，找出和自己的业务相关度比较高、又非常具有吸引力和影响力的细分主题。然后，把这些主题整合起来，重新组织、编辑成具有高人气、热门的主题内容。

第三，要对你的主题进行有效的创新和升级。

只是聚焦目标读者的口味，选择有人气的主题还不够。因为即便你能够找出最受读者欢迎的话题，但是这些话题是一些已有的话题，放在你的平台上，已经没有新意了，所以，要让自己的主题具有持续的吸引力和竞争力，在主题设计上应该采用一种极致的思维，大胆创新，快速升级。

大胆创新，快速升级，是你要深入自己所选择的主题，从主题中挖掘价值，提升主题的含金量，从新的角度创造一种新鲜。同时，要运用发散思维，发掘出特色的主题，策划出更具有价值的主题。

第四，要让你的主题和读者实现无缝对接。

只有读者说好，你的主题才是真的好。实现对接，就是你要关心目标读者的体验，关心你的主题是否为他们带来了好的体验。

可以就你的主题内容对自己的读者群进行调查，及时获得反馈，在反馈中对主题进行重置或微调，为他们提供更合口味的内容，从而实现与目标读者群的喜好一致的定位。

总之，做到极致才能做出口碑。瞄准目标读者的口味，专注于目标读者的爱好的主题，与目标读者的口味进行无缝对接，不断升级、创新主题，提升主题的价值，为读者提供在其他平台上所不能获得的主题体验。

什么样的内容吸引读者

企业自媒体在做内容的时候，要认真思考，什么样的内容最吸引读者？然后，有目的地创造这些内容。

1. 新鲜感：冒着热气的文章才有人点赞

作为自媒体运营官，一项重要的工作就是每天在网上看“头条”，制作和设计与头条相关的内容。由于用户群的不同，要从不同领域的头条中找出灵感。

自媒体时代，人们期待的是从自媒体上看到不一样的新东西，获得新内容和新鲜感。做自媒体就要把内容做热、做新、做出新鲜感。

很多人上网的一大习惯是看新闻，就是为了能够快速地捕捉到自己感兴趣的新鲜事。同时，他们希望自己耳朵听的、眼睛看的都是最新的。昨天发生了什么，人们已经不那么关心，关心的是正在发生什么和将要发生什么。看自媒体内容也是一样，过期的内容人们读了会觉得没新意。

在选择想要阅读的自媒体内容上，读者很挑剔。在他们眼中，自媒体内容的新鲜度跟内容的可看度有关。他们如果认为内容有新意，和别的平台的不一样，就会主动打开你的内容，关注你。新鲜度关系到自媒体对读者的吸引力。

如果只是随大流，进行跟风创作，就失去了自己的风格和特色。你用寡淡无趣的内容面对读者，读者就用背影给你回答。所以，做自媒体内容要有新意，把你的阅读区域做得新鲜有趣。

企业做自媒体内容首先不能懒，其次脑袋要勤。要把自媒体当成一份报纸，内容不是全部，但是一定要有热点，并且体现新意，做出新鲜感。如果内容不新鲜，想要获得关注很难，标新立异更是无从说起了。

把内容做出新鲜感，不能让读者觉得无聊。即使和别人做一样的内容，你也要做出新意。

如果出现了一个很热的内容，大家都在说，你也在说，如果你走在前面，你就是扛旗者，如果你走在后面，你就是虾兵蟹将。虾兵蟹将的力量太小，对读者的影响力也很小。不做虾兵蟹将，内容就要做得新鲜，用不一样的方式，陈述你的独特观点，别开生面的给读者看到热度背后的另一种新鲜，为读者带来惊喜，让他们主动为你点赞。

其实，自媒体内容拥有了新鲜度就拥有了优势。内容的新鲜感关系到你是否为读者创造了一个可阅读的区域，也关系到读者能否在你的自媒体中找到 ·种阅读的趣味性和归属感。

2. 敏感度：读者关注的你关注了吗？

读者关注的你关注了吗？读者希望关注的东西你为他们提供了么？如果没有的话，那么，你可能没有和读者处于相同的频道，你的自媒体没有为读者提供贴合他们需求的内容。

美国媒体人常说的："has a nose to story"，说的是做新闻要对故事有一种敏锐的嗅觉。把这个理论运用在自媒体内容运营上就是，自媒体运营官应该“has a nose to your reader”，即在内容创作时，从读者出发，敏感地跟随读者注视的焦点，洞察读者的心理，创作出他们想要的内容。

敏感度意味着，做媒体运营者在做内容时，紧随读者的关注点，跟着读者的兴趣点，提供他们希望关注的、想要了解的内容。企业自媒体要做到这些，需要注意以下几点：

第一，跟随读者的关注点，要敏于捕捉热点。

热点就是时下读者所关注的热门事件和流行信息。如社会上每天都会发生各种各样的事件，出现各种各样的流行话题，这些大多是人们关注的焦点。很多自媒体常常会从这些热点中筛选出好的话题为我所用，而从话题中挖掘好的内容能很好地把读者吸引过来。如 2014 年的文章姚笛事件，众人的目光都集中在这件事上。在热点时刻搭上娱乐早班车，把自己的自媒体内容和热点事件相结合，很容易把娱乐的高光打在自己的内容上，把读者的眼光吸引到自己的平台上。

当然，跟随读者的关注热点也要把握住热点的时效，因为热点事件的热度持续的时间很短暂，用的效果也是随着时间的流逝而锐减。很多热点风头一过，读者就不会再看这些内容了，如果你还在炒冷饭，就会无人问津。如果再把“帮汪峰上头条”拿到内容里去说，读者只会在想，汪峰是谁，你 out 了吧？

第二，紧跟读者的关注点，提供读者想要关注的内容。

很多读者都有一些非常想要了解、想要知道的内容。如一些自媒体平台会为读者提供一些网页推广的系统性的专业知识，为读者提供经验和指导，这样的内容正是一些读者非常想要知道的，合乎他们的需求，又不容易在其他的平台上轻易获得内容。而为了拥有这些有价值的内容，有些读者也愿意为之付费。可想而知，抓住读者需求，内容对读者的黏性也就有了。

要通过提供读者关注的内容增加读者黏性，自媒体管理者就要深入地了解读者，敏锐地观察读者的需求，对读者想要关心的内容进行洞察，进而在发布自媒体内容时，为他们提供这些内容。同时，也可以对读者喜欢的内容做出一种预见，抓取一些有价值的内容提供给他们。

总之，只有比较敏感地跟随读者的关注点，才能和读者保持在一条线上。所以，每一个企业自媒体都应该把敏感度作为自媒体运营的一件必备武器，作为赢得读者的制胜法宝。

3. 有价值：拿什么为读者的关注买单?

如果你的自媒体内容没有价值，读者为什么要关注你呢? 企业做自媒体内容，最重要的是做内容的价值，为读者提供价值，让读者感到你是值得关注的。

现实生活中，人们大半的时间都为忙碌的工作和生活所占据，进行阅读的时间很有限，人们的耐心也很有限。如果在一片拥挤的内容空间中，你的内容对他们来说看不到阅读价值，那么读者会觉得自己在浪费时间，你也就留不住他们。对于你平台上已有的用户，如果你不能用有价值的信息增加他们的黏性，粉丝恐怕很快都会转为路人。

什么样的内容才有价值?

对于读者，你的内容能够为他们提供好的想法和经验，为他们提供启发和指导，为他们解决问题和提供帮助；或者能够在某一领域的某一方面帮助他们获得新的技能，增加新知识，扩展他们的视野，乃至于在心理和精神上能够激励他们。因为这些内容都是有价值的，读者看到这些内容后，为他们所用，或多或少帮助他们生活得更好，方便他们的工作，让他们心情愉快，这都是他们感受到的价值。

企业自媒体怎样做出有价值的内容？

企业要发挥自己所在行业背景的优势，利用自身所在领域的长处，从读者的需求出发，发挥自身的见识和学识，及聪明才智，为读者提供他们需要的、在其他平台上不容易获得的具有自身特色的内容。

丁香医生是医学专业网站丁香园推出的为人们提供医药知识、医疗健康信息的一个网站，它拥有医疗健康APP丁香医生。

丁香医生的定位是，用专业医药知识服务大众，为人们提供可以信赖的医疗健康信息。他们的口号是："我们每天的努力，只为能帮到你，多一点。"在运营上，丁香医生的自媒体是针对用户的需求在进行运营，在内容上大多是在做健康科普，帮助人们对症找药，做一些疾病问答，为人们提供就医推荐等。

在丁香医生的自媒体平台上，用户不但能够快捷方便地获取一些医疗健康知识，而且无形中也成了一些读者身边值得信赖的家庭医生。这就是丁香医生为人们提供的价值。

一个自媒体一定要让读者感受到你的价值，读者才会依赖你。如果读者认为你提供了他们需要且是其他平台不能提供的东西，读者自然会喜欢留在你的平台上。因为，你的平台有价值，值得他们花时间关注。

所以，自媒体在做内容时应该有这样一种目标，即要让读者在读到自己的内容时，感觉像是找到了朋友，找到了伙伴，让他们停留在平台上的时间没有白费，让他们感到关注你很有价值。做到了这些，自然也就把读者留在了平台上。

4. 有原创：自制，或者通过简单加工

原创有两个重要的意义，一是速度快，二是唤起读者的情感共鸣。而这两者在互联网时代都是非常重要的。

出现了一个好的事件或者题材，第一个有价值的内容很快就可以得到广泛的转发，哪怕稍微粗糙一些，而当人们看到第二个相关题材的内容时，即使制作精良，但由于内容已经不再新鲜，其关注度也会大为降低。因此，为了获得广泛的关注度，自媒体营销官应该重视原创内容的制作。

做自媒体就是做品牌，要有原创的内容，以体现自己的风格。

要留住读者，原创性内容很重要。一个自媒体如果缺乏原创性内容，只是转发其他平台上的内容，相当于不以真面目示人，在读者眼里这个自媒体是没有个性的。

原创内容各不一样，一些自媒体会发布企业的观点和行业经验，对读者有用的参考和方法等，都是以企业的口吻在诉说，以企业的身份面对读者，读者虽然没有与企业面对面，但是却通过文字接近了企业，认识了企业。并且一些精彩的原创内容能够引得读者积极转发，参与讨论和互动，在这样的过程中让读者进一步认识了企业。

然而，原创虽然很重要，但是只做原创也会有一些令人困扰的问题。

企业即便集中了整个团队的智慧进行原创，从长期来看也存在一个吸引力的问题。因为企业的自媒体内容很多时候都是围绕自己的产品、企业、行业等内容进行创作，这些内容对读者的吸引力是有限的。如果不能保证为读者提供精彩的内容，那么用户就会很容易流失。

自媒体做内容，目的是通过为读者提供内容服务，用好的内容来吸引用

户更多的关注，用内容增加用户的黏性，稳住用户，把他们长期地留在自己的平台上，从而为自己创造更大的商业价值。从目的和结果来看内容，内容的精彩度和吸引力就很重要。所以，坚持原创，也要放开眼界，学会整合外部的信息，增加平台的吸引力。

如一些做渠道的自媒体，其受欢迎正是因为善于整合外部的精彩内容。在运营中，这些自媒体大多是借助数据发现人们比较喜欢看哪些文章，从互联网上找出阅读量和转发量最多的文章。找到文章后，会重新整合内容，重新起标题，重新配图，署名依然是原作者，然后写一些很有诱惑力的转发语，将文章发出去。其结果是，这样一篇传播力很大的文章，能够在自己的平台上带来很好的传播效果。

转发和引用一些精彩文章，进行简单加工推荐给用户，有时候能够丰富企业自媒体的内容，增加自媒体内容的可读性和趣味性。而一些吸引力非常高的文章常常具有很好的影响力和传播效果，让自媒体平台活跃起来，吸引到更多的读者来到自己的平台。

当然，无论是坚持原创还是转发他人的文章为我所用，自媒体都要依据自身定位，维护自身内容所具有统一的风格。同时，在借用他人文章时，要尊重版权，在取得原作者的同意或是署名转载的情况下，才能放在自己的平台上。

5. 有利益：简单而不乏味，规矩而不死板

做能够吸引读者的自媒体内容，这种内容做出来，应该符合读者的口味，体现出简单而不乏味、规矩而不死板的特质。好的内容是吸引读者的开始，进一步吸引读者，让读者活跃起来，还需要在自媒体内容中技巧性地添

加利益，用优惠和实惠，把他们稳在自媒体平台上。

在进行内容运营时，企业自媒体不会像个人自媒体那样自我和自由，大多会采取一种稳稳当当、无风险的方式进行自媒体运营。这么做的一个不足是，很多企业自媒体做出的内容在读者看起来，大多是在说企业所处行业的内容和有关企业自身品牌的信息，看在读者眼里，感到非常乏味无趣，难以产生互动。

企业自媒体做内容太规矩没有意义，要依据读者的口味进行。毕竟企业做自媒体内容是面向读者进行内容运营的，如果内容做得太过呆板乏味，不能吸引读者的兴趣，这种规矩会成为企业没有特色的标签，会成为自媒体推广的一大掣肘，限制了企业自媒体的伸展空间。所以，好的内容应该符合读者的口味，让读者悦读，让读者爱读，同时能够让读者活跃起来。

如何突破呆板无趣的限制，让读者喜欢自己的内容，让读者活跃起来呢？需要注意以下两点：

第一，做内容时，要做到简单而不乏味，规矩而不死板。

简单就是一种好的规矩。简单意味着，根据自己品牌特点，打造具有个性的内容，为读者提供具有独特价值的信息。进行内容传达时，选择简单明确的方式，用单条的图文信息，把自己的内容清晰而完整地传达给读者。

有趣就是不乏味。有趣意味着你的内容应该体现一种趣味性，选择能够吸引读者眼球的话题，同时要有所创新，内容要新鲜，形式要不拘一格，别开生面。自媒体在内容选择上，要保证符合读者的审美和情趣。

灵活意味着不死板。灵活意味着内容的展现形式不要太单一，而是以多元化的方式进行内容呈现。换句话说，就是充分利用图文和声音，灵活运用静态和动态的内容语言，做到图片、视频、音频相互辅助、相互补充，图文并茂，声情并茂。

第二，做内容时，强调利益，用利益调动起读者的胃口，让读者活跃起来。

做自媒体时，企业相比个人的一大优势就是，企业能够做一些利益展示，可以做一些小活动、小优惠，以促销、折扣、回馈等方式吸引用户。如果能够把这些利益添加到自己的内容中，能够很好地吸引用户并与之互动。

用利益吸引与用户互动，活跃自己的读者群。如果选用互动型内容，从不寻常的角度，把有趣的优惠活动和促销计划放到你的内容中，吊起用户的好奇心和胃口。当然，也可以直接给予用户以优惠和实惠，引导用户参与到企业策划的活动中来，进行深入互动，同时让读者在活动中体会兴奋和惊喜，从而获得好的体验。

简单而不乏味，规矩而不呆板，依据的都是读者的口味和爱好特点。而用利益引导读者参与互动，则是企业的内容运营技巧，利用的是读者的喜好去吸引读者，引导他们在自媒体上进行互动，为企业自媒体创造利益。

6. 美好与恶俗的对决

企业自媒体的内容其实是企业的一件外衣，这件外衣穿的优雅还是恶俗，关乎企业自身的修行。

优秀的自媒体虽然是在做内容，却做出了属于自己的风格和态度。以一些企业自媒体来说，做自媒体内容虽然是为了推销自己，然而却为读者创造了价值，丰富了他们的生活，开阔了他们的视野，为他们提供了新颖的内容和独特的观点，让读者惊奇，这不仅走进了读者的心中，也成为读者的良友。在这样的过程中，这些自媒体不但为自己创造了好的口碑，而且树立起自身美好的外在形象，自然也就成为读者所喜爱的自媒体，其商业价值也在自媒体运营中得到实现，长远的发展空间也得到了拓展。

然而，在自媒体的世界里，鱼龙混杂。在短期利益的驱动下，很多企业在做内容时会选择以一种出格的方式，不断试探读者的道德底线。

常见很多自媒体抱着赤裸裸的商业目的奔向了自媒体，为了迅速赢得大批用户的关注，以将这些关注迅速转化为商业价值，而用非常恶俗的手法去吸引读者，用煽、色、腥的内容去勾引用户阅读。还有一些自媒体在平台上制造和散布谣言，以炒热自己。在这样的过程中，短期内虽然创造了高流量和高关注度，然而徒有关注，没有口碑，反而在观者眼中留下恶劣的印象，从长远来说却是行之不远的。

网络整风运动下，很多网站都被关闭整顿，没有一个不是因为为创造高流量而使用不健康的内容去吸引用户从而引火烧身。如今随着自媒体越来越受关注，对自媒体的规范也逐渐加强，相关的法律也越来越多。对于自媒体管理者来说，如果还是一味追求读者的关注而用不良的内容吸引读者，就是饮鸩止渴，自断后路，不但不能把自己带向成功，反而可能是把自己带进了牢笼。

所以，自媒体虽然为企业提供了广阔的空间，然而在这样的空间内用恶俗吸引关注，用恶俗包装自己，不但是对受众不负责任，也对自己不负责任。每一个自媒体都应该做好个人定位，恪守自己的道德底线，把握好美好和恶俗之间的尺度，维护好自身的外在形象。在做自媒体内容时，应该对自己的行为有所规划和限制，给自己留下发展的空间，不要把自己带向失败的深渊。

排版：易读重于装饰

企业自媒体拥有了有趣、吸引读者的内容，排版方面也要注意，这决定了读者能不能读下去。

1. 分段：每 2 到 3 行文字可分一段

企业的自媒体文章最重要的是要干净利落，层次分明，让读者读起来轻松愉悦。就文章分段来说，每 2 到 3 行的文字就可以分为一段，多使用短句子，这样每一段的内容不会太多，意思很明确，读起来会很轻松。

当然，短句子不是硬把一句话分成几个片段，而是要求作者将一句话高浓度地浓缩，再将意思相近的句子划分在同一层里。这样有助于读者边读边想，将因果关系有条理地梳理出来。

2. 小标题：长文章，可每屏加上一两个小标题

有些企业自媒体的文章可能较长，一篇文章讲了很多个问题。这时，

为了方便读者阅读，找到重点，要在每一屏上面加上一两个小标题，让读者看起来轻松自然。

企业自媒体需要注意，小标题要符合下面几点：

第一，体现所要表现的主题内容。

第二，小标题要有特色，能给读者留下深刻的印象，吸引读者读下去。

第三，小标题要十分精练。

第四，各个小标题之间要有关联性，使得内容形成一个整体。

3. 精简：一篇文章以 3 分钟可轻松读完为宜

许多自媒体发布的文章字数多，内容啰唆单一。究其原因主要有两点：一是“求大、求全”思想在作怪。一些作者认为，文章长一点、内容涉及某一主题多一点，才能凸显文章的分量。二是什么都想表达、什么都想告诉读者，认为读者什么都不懂，用技巧性的语言一字一句解释。

这两种类型的文章特点是枝蔓横生，冗长乏味。

对于习惯碎片化阅读的读者来说，长短合适、内容精简的文章读起来会比较没有压力。因为，文章冗长拖沓，会从视觉上带给读者繁重的感觉，甚至导致大篇幅地略过。

具体来说，企业自媒体的一篇文章能够让读者在 3 分钟内轻松读完为宜。一般地，中速的阅读大概在 3 分钟可读一千字左右，需要作者将所要表达的内容体现在这一千字中。要避免大话、空话、套话的使用，避免造成读者的视觉疲劳。

4. 留白：每段之间留 1~2 行空白

留白这一词语源自绘画，是按比例留出恰当的空间。版面编排的基本原则是：形式为内容服务。一个好的稿子如果配上精美的版式，读者就可以享受到一份完美的“精神大餐”。版面编排的美化手段很多，适当的美化可以使版面变得优雅和明丽，会得到更多读者的认可。

在文章的段落之间留 1~2 行的空白，文章看起来没有压迫感。“故意”留出一些富余的空白处，会使文章与文章、文章与图片、图片与图片之间张弛有度。曾经，《北京青年报》就在“留白”这一方面做过调查：以版面留空的方式为不同新闻做出界定，可以帮助读者“速读”。

一般说来，一个人阅读一版新闻类资讯的时间为 5~30 分钟。资讯版面越增加，读者的阅读时间反而会呈下降趋势。于是，轻松“速读”成了当今大众接受信息传播的主要方式之一。

自媒体时代，越来越多的读者倾向于段落间空白多的“小清新”式读物。如图书《阿狸梦之城堡》、APP《堆糖》的阅读界面等，空白留得多似乎能够给读者带来更多的思考空间。所谓“不着一字，言有尽而意无穷”，拉开文字与文字间的距离，能让读者享受一种更美的视觉体验。

5. 字体：字体统一、简洁，字号要适合手机阅读

企业自媒体文章的字体要适合读者进行阅读。具体要做到：字体要简洁，颜色保持统一，少用复杂多变的字体，字号要适合手机和平板电脑

阅读。

大部分读者都有自己的阅读习惯，当读者对阅读方式感到不适时，就会导致无法继续阅读。同样，好的字体感受也是读者判断企业形象的基本要素之一，所以，字体颜色和大小不能太过花哨，以传达给读者企业的文化形象和品牌诉求力。

企业自媒体每一次发表新东西的时候，都要考虑到字体字号是否适合手机阅读，还要考虑设计意图在手机屏幕上的显示效果。

Chapter 6
找到节点，蓄势引爆

企业自媒体在形式、内容上面做好了准备，剩下的就是要找到一个节点，等待时间，让自媒体引爆，实现最大的价值。

玩的就是**自媒体**

选择自媒体平台

微博、微信、博客、企业官网……

自媒体平台多种多样，每一个平台都有自己的特色。企业在做自媒体的时候，关键是要找到一个适合自己的平台。

1. 公共平台

互联网的高度发达，为我们提供了很多平台，也影响着我们的生活和工作。从 QQ 到微博、微信、博客，这些便于人们交流的社交平台在自媒体时代实现了功能的完美转变，纷纷成为自媒体人的战壕。无论是企业还是个人，运营自媒体，一定要选择合适的自媒体公众平台，以此扩大对自己的宣传，增加粉丝的活跃度。

QQ：庞大的企鹅帝国

QQ 是腾讯公司为大众提供的一个网友交流平台，人们在 QQ 上可以聊天、视频、语音、发表说说和日志。QQ 的方便和快捷，成为大众社交的宠儿，在 2000 年就占领了全国在线即时通讯近 100% 的市场，以极快的速度受到了大众的欢迎。如今，腾讯 QQ 的在线用户已经超过了 2 亿人次，朋友之间使用QQ传递消息已经成为日常所需。

自媒体的日渐火热，使得QQ空间不仅是人们发表日常生活见闻和感受的平台，也成为商家营销的平台。在微博、微信、陌陌等社交网站中，QQ空间的用户熟悉度最高，用户之间的信任度最高。QQ空间的低成本，高活跃量，内容的多样性，强大的互动性，让越来越多的人选择在这个庞大的企鹅帝国里做自媒体。

2014年，是小米在QQ空间成功实现产品引爆的一年。对于自媒体神话级的企业，QQ空间一直都是小米自媒体运营的平台之一。

在发行红米Note的时候，小米充分利用了QQ空间进行自媒体营销。为了宣传新品，小米让想要预约购买红米手机的客户，先在自己的空间里发布一条说说，争取32个“赞”，这样就可以获得三次预约红米Note的机会，然后再进行抢购。通过这种QQ空间“预热—预约—抢购，点赞赢机会”的方式，吸引了很多用户，收获了QQ空间1亿用户的点赞。

QQ空间自媒体在这两年火爆异常，用户不需要任何成本就可以参与赚钱，小米手机率先看到了空间自媒体的优势从而选择将自己的产品在QQ空间上发布。如今，小米的QQ认证空间已有2 500万粉丝，是QQ空间中最大的粉丝社区。QQ空间强大的粉丝团体，强大的粉丝活跃量，让小米收益其中，自媒体运营也得心应手。

对于企业自媒体，QQ空间强大的用户流量和用户忠实度，是企业进行自媒体营销的选择之一。

微信：朋友圈里的影响力

微信功能的强大，从研发到现在系统的不断完善，让越来越多的人愿意为之花心思。2013 年，微信的注册人群已高达 3 亿多，它是这几年最火爆的一款社交软件。如今，人们只要在空闲时间，都会拿出手机，打开微信刷朋友圈。微信已成为人们生活的一部分。

朋友圈是微信强大功能的一个代表，用户可以通过朋友圈发表文字和图片，还可以将自己看到或听到的文章和音乐分享到朋友圈。超高的用户流量，朋友圈中的交流和互动，使得微信成为企业自媒体平台的重要选择。

第一，微信朋友圈方便快捷，往往通过发张图片就可以私聊，而且不需要任何转换工具，客户也可以通过私聊询问产品详情，因此备受人们青睐。

第二，微信朋友圈私密性好，朋友圈里的回复往往是自己好友，且别人无法看到其他人的评论，所以如果有人恶意留言也不会被其他人看到，有利于维护企业的产品形象。

除此以外，人们通过微信将产品顺手拍照后分享到朋友圈里，这就如同帮自己的产品进行一次次免费宣传。

2013 年 5 月，疯狂猜图在微信中火爆，它在短短一个月内就被下载了千万次。取得这样的成绩，得益于朋友圈。

疯狂猜图通过系统提供一张图片，再给出 24 个待选汉字或字母，让客户猜出答案，如果无法猜出则可以将它分享到自己的朋友圈中寻求帮助，而朋友圈中被求助的人打开链条下载，就变成新用户，新用户遇到困难时会再次求助，使这一链条源源不断被分享。这样，疯狂猜图这款游戏最终在朋友中“爆炸”。

微信的朋友圈成全了疯狂猜图的成功。微信朋友圈这种强大的分享性，使一款新产品迅速被传播，微信自媒体也越来越受重视，如今的微信朋友圈已成为商家们选择自媒体平台的必争之地。

微信公众号：保证内容才是王道

微信公众号是在微信的基础上出现的，因为微信有着庞大的注册人群，所以，它才也带动了微信公众号的火热。如今，微信公众号的发展已经超过了200万个，每天新增数目达到8 000多，用户每天在微信公众号上进行上亿条的信息互动。

微信公众号下的庞大粉丝群吸引了大批企业和个人进入微信，不同企业利用自己的微信公众号发布五花八门的信息，各种信息的“狂轰滥炸”使用户们精神疲惫，不得不取消关注的微信公众号。

因此，想要从中脱颖而出的企业，必须保证微信公众号的内容既新颖有趣，又能吸引用户。

中央电视台新闻中心官方公众号为订阅号，在微信上发布央视新闻频道、中文国际频道的资讯，微信号会通过醒目的标题吸引用户去浏览和了解，让新闻变得不再单调和枯燥。除此之外，央视新闻公众号还有英语、西班牙语、法语等国际性语言，这使央视新闻公众号越来越国际化，关注的用户也越来越多。

央视新闻中心官方公众号利用新闻本身的话题性，在官方页面发布醒目和有趣的新闻标题，这样的内容必然吸引用户的注意力，让用户对每天的新闻充满期待。

在微信公众平台的运营中，星巴克也是成功的典范之一。

星巴克的微信创意十足，如它对音乐专辑《自然醒》的推广，用户可以关注星巴克微信公众号并发送当天的表情图片，星巴克就会从《自然醒》中选出一首适合他当天心情的歌给予回应。

星巴克微信公众号利用音乐推送微信，针对客户不同的心情会收到不同的音乐，这种新颖的方式使星巴克一时间“吸粉”无数，为用户提供了高质量的内容，必然会成为微信公众号的“大前锋”。

微信公众号通过发布有趣的内容，新鲜的标题去获得大众的认可，有利于减少用户的抵触，吸引不同群体的关注，使之成为微信自媒体的首选平台。

微博：要粉丝数量还是要粉丝质量

微博即一句话博客，是最早进行自媒体运转的社交网络平台。如今，90% 以上的人都认为微博改变了自己的生活。微博时代，男女老少都在发微博，分享信息，朋友之间互相关注成为对方的“粉丝”，粉丝数量越多，似乎意味着影响力越大。

“玩微博、屯粉丝，创造个人知名度，扩大品牌影响力！”“粉丝数 = 影响力 = 人脉 = 人民币！”这些口号是人们在微博上面的“大咖”的超级目标，众多企业也纷纷走上求粉的道路。

然而，企业把微博作为自媒体的平台时，需要认识到一点：粉丝数量并不能准确反馈你的微博运营是否成功。因为如果没有人参与你所发布的信息，你的微博粉丝数就只是一个门面而已。正所谓“一万个僵尸粉不如十个真实粉丝”。

今日美术馆的官方微博发布了 7 175 条，拥有 135 万个粉丝，它的粉丝数量相当可观。在李开复的《微博改变一切》一书中曾经提到：如果你有 10 万个粉丝，相当于创办了一份地方性的报纸；而当粉丝数量增加到 100 万，你的声音会像全国性报纸上的头条新闻那样有影响力。按照李开复的这种说法，今日美术馆具有超级的影响力。然而，事实上，深入研究会发现，拥有强大粉丝群的今日美术馆的微博，绝大部分转发量也只有区区十几二十条，很多的宣传都无人问津。

今日美术馆虽然有上百万粉丝，但是它在微博中发布的信息却没有人参与互动，这就像是自己在唱独角戏，自娱自乐，是无商业价值可言的。

粉丝数量不等于粉丝质量。企业在微博自媒体运营中，应该重视粉丝质量，这才是真正的影响力。

当然，我们也不可忽视粉丝的数量。因为，在微博转发买卖市场上较多的还是把粉丝数量作为价格标准，粉丝数量大，转发的价格就高，特别是对网络推广、网络营销的从业者，粉丝数量大代表关注你的人多，从而越能从微博中看到商机。

所以，企业在微博自媒体的运营中，要粉丝数量，更要粉丝质量，量质同抓，这样才是自己自媒体的影响力和竞争力。

博客：我的地盘我做主

博客，这个看似已经被众人遗忘的社会化公众平台，在自媒体时代有了自己重新发展的机会。有人说："强调自我的博客，天生就是自媒体的最佳载体。"同QQ、微信、微博这些公众平台相比，作为网络日志的博客更带有个人色彩。

一直标榜"我的地盘我做主"的博客成为人们掌握话语权的最好体现。

在这个带有强烈个人标签的地盘，让每个人都在互联网上找到了属于自己的领地，在上面发布文字、图片、视频、音乐，畅所欲言，展现自我最真实的生活状态。博客内容五花八门，从个人的喜怒哀乐、读书旅游，到娱乐文体、财经政治。可以说，强大的包容性使其成为急需寻找自我话语权人们的选择目标。它的这一特性暗合了自媒体时代，人人都是媒体发声器的要求。

作为社会化公众平台，博客在表现强烈自我特点的同时，其公开性又让其成为一个小众的圈子。博主们和博客之外的人在这一个自我的圈子中激情分享、互动，这便使得博客的个性化内容有了传播性，成为向外界宣传自己的平台。

案例一

“文怡”是新浪博客中一个著名的博主。

该博主的身份是文怡美食生活馆和厨蜜网的创始人，美食畅销书作家。因为工作和自身的兴趣爱好，文怡在博客刚兴起的时候，便经常在博客上发表关于美食的文章。其博客里面关于美食的分解步骤和照片，一开始便吸引到众多美食爱好者，其博客的点击量也很大。后来，文怡充分利用博客这个公众平台，为自己的美食节目、出版的书做宣传，不时地更新文章，教大家如何做菜及糕点，甚至在上面发布自己美食培训班的资讯等。

现在文怡的博客聚集的粉丝数量已经达到 45 万。她经常在博客中与读者幽默互动，耐心解答读者的疑惑。

案例二

Susie Lau 是一个爱美的、追求时尚的华裔女孩，她喜欢研究时尚和服装搭配，常常把自己的新造型拍下来放到博客上，引来网友的热烈追捧。因为独具特色的时尚眼光，其在博客上拥有着超高的人气，众多设计师纷纷与 Susie Lau 合作，希望她能穿上自己设计的服装在博客上宣传。

无论是“文怡”，还是 Susie Lau，都在博客上开辟了属于自己的领地，向众人展现自己的兴趣、爱好，从而吸引了粉丝，让博客这个网络日志平台爆发出商业价值。

博客内容的强烈个人色彩及作为社会公众平台的公开性、互动性，使得这个注重自我话语权的领地成为自媒体的宠儿，越来越多的媒体人把眼光放在这里。

易信 / 来往：人气较弱

随着人们使用互联网的深入，近几年自媒体平台上涌现出了一大批新生力量。从 QQ、博客、微博、微信等这些鼻祖型社交类软件，到现在的易信、来往等，用户数量的比重也在不断变化。

易信作为新生力量中的一员，也在不断被更多用户所知晓。它是网易和电信共同开发，在 2013 年 8 月 19 日发布的通讯社交产品。易信这一软件的名称正是取了网易的“易”和电信的“信”，两字合并而成。易信刚一上线，就在湖北卫视的《如果爱》节目打出了重磅广告，并作为柳岩、黄灿盛等明星在节目中用作联络的唯一软件。

而另一通讯社交软件“来往”，则是阿里巴巴公司旗下的产品，它的问世比易信还要晚一个多月。其中“公共账号”这一功能也吸引了不少大 V 的加入。身为阿里巴巴旗下的一员，来往更是与手机淘宝互相推广。在上线后的一个月，来往的注册量便达到了一千万以上，同时，手机淘宝的用户数也突破 4 亿大关。

作为不同的自媒体平台，同质类软件面临着巨大的挑战。

QQ、微信和微博等老前辈已经经过几年的成长期，在市场中占据了一定份额。而易信和来往作为后起之秀，能够吸引住用户的独特之处并不多。对于用户来说，QQ、微信和微博已经成了一种生活方式，当有新的自媒体平台上市，他们便很难从之前的方式中抽离出来，去接纳和使用。QQ 和微信在人们心中已经先入为主，成为易信和来往难以逾越的大山。

易信和来往虽为同类型的社交软件，但在功能上也有不同。易信的社交功能更多地表现了新颖性和趣味性；易信曾明确表示，要做出微信做不到的功能，以错位竞争争取用户。如易信可以向所有手机号码、固定电话发免费语音留言。但对方如果没有接听，每隔一个小时都会收到一次呼叫提醒，并可直接语音回复。但这一创新仍然没有得到更多好评，有用户反映：这其实等同于将微信的对讲功能搬到了易信上。来往同样具有自己的特色，它的“阅后即焚”突出了该软件的私密性和安全性，让更多的用户放心，不用担心隐私被泄露。

无论是易信的明星效应，还是来往的安全牌，都在不断地满足更多用户的需求，成为更多人关注的对象，也成为自媒体人的选择之一。

2. 自建平台

企业官网：定期更新很重要

企业官网也是自媒体平台中非常重要的组成部分，许多的企业文化和新产品，都需要依赖官网这一自媒体平台进行传播。但一些刚刚成立的企业认为，企业还不成熟时并没有建立官网的必要，待企业发展稳定后再建立网站，会收获更好的效果。事实并非如此。企业官网应该和企业一起成长，在官网中展示企业理念、企业思想和企业开发的新产品，这样才能使企业形象更深入粉丝内心、留住更多的忠实的企业粉丝。

案例一

性价比之王“小米”实行饥饿营销策略，每出新款，都会放到官网上抢拍。2014 年 7 月 22 日，小米在北京发布年度旗舰产品小米 4，将产品描述和产品特性以非常精美的形式发布到官网，并发布了“从 7 月 26 日起，每周二 12 点抢拍”的消息。与此同时，小米的智能家居类产品也在网站上进行了版块翻新。这次更新，让网站风格更加具有时代感，同时也收获了小米迷们的一致好评。

小米一路走来，发布了各色各样的新品，每周抢拍也都会销售一空，因此官网的更新分类也十分频繁。小米团队非常看重官网的日常运营，其官网精美的网页设计、专业的更新维护，都使得品牌知名度大大提升。

案例二

遍及各个城市的海底捞火锅，可谓是火锅界里的口碑之王。无论是店面装修还是服务态度，都能让人一听店名就竖大拇指。为了满足更多的市场需求，让服务更加贴心，海底捞火锅的菜品会随着季节的不同而有所调整。为了让更多的用户及时地了解调整信息，海底捞在官网上每隔几日便对菜单做出调整，让粉丝在官网上就可以直接看到菜单的变动或新增的服务项目。同时，海底捞官网中的城市查询、美味菜单、新品尝鲜都在随时做出调整，甚至将特色服务“甩面”和免费美甲以视频的形式展示给粉丝。这让不少“吃货们”只要动动手指查一查，就能知道今天供应什么，有什么特色的服务。

无论是小米还是海底捞都非常注重企业官网的打造，定期更新官网内容，方便用户的更多需求。

长期不更新企业官网，会对企业资源造成浪费。一次性投资建成的网站，并不会收到立竿见影的效果。当粉丝浏览一个官网几次，看到的都是同一内容，久而久之，老用户渐渐流失，新用户也不来浏览。这使企业的产品推广变得非常不利。而定期把产品更新到官网上，会让粉丝养成定期浏览的习惯，拥有更多的访客，能有效地提高品牌和产品的知名度、留住更多忠实的企业粉丝。

APP：独享的自媒体平台

APP较低的进入门槛，让众多APP纷纷跃起。社交通讯、本地生活服务、游戏、汽车交通等APP应用在2014年十分活跃。其中红极一时的APP中，魔漫相机、脸萌、围住神经猫和足记等，都有着极佳的口碑，用户非常热衷。

同样，当智能手机用户增长，顺应APP的火热潮流，很多传统行业的企业也加速登场，纷纷开发了企业自己的APP，利用APP为用户提供一种全新的服务体验。

随着工作和生活节奏越来越快，年轻一代的消费者已经越来越不习惯走出门才能获得服务的生活，对于购物、订餐、清洁、维修、教育等服务的需求提升，送货上门、送餐服务、上门清洁维修等已经成为生活的常态，APP也成了企业为消费者提供服务的一种新方式。

同样，在洗衣方面，人们也不想花费太多的时间，因此荣昌e袋洗APP把洗衣业务搬到了手机上，让人们不用出门，就能够获得便捷、优质的私人洗衣服务体验。

用户在下载荣昌e袋洗APP后，当需要洗衣服时，可进入APP下单，预约时间地点，就会有专门的服务人员按时上门收取衣服。经过15道专业清洗工序后，72小时内工作人员会将熨烫平整的衣服分袋装好，送到顾客手中。

荣昌 e 袋洗上门洗衣的这种新的服务形式，解决了顾客到干洗店洗衣停车难、送洗衣物交接手续烦琐，店面营业时间不能满足顾客取送时间等问题。

同样，专做 APP 的河狸家美甲，也是利用 APP 充分把手艺人上门服务做到了一种极致。

定位为上门美甲的河狸家 APP 是一款目前最大的美甲服务手机 APP。在河狸家 APP 这个平台上集中了数百位美甲师和丰富的美甲款型。用户只需要在 APP 上进行预约下单，就会有专门的美甲师上门服务，让用户在家里躺着就能够做美甲。

手机 APP 让手艺人上门服务成为可能，也成为一股新的潮流。除了美甲服务之外，用户也可以通过 APP 下单，享受空气净化的上门服务。

可以说，APP 作为专业行业的某个企业所独享的自媒体平台，让企业通过与互联网相结合的方式，通过 APP 直接接触用户，通过服务和用户建立良好的关系，这种直通的效果是很多自媒体平台所不能提供的。

APP 的功能很好，但是 APP 也是一种烧钱游戏。被认为“活得很好”的河狸家其实一直在烧钱中，一年融资了三次。河狸家创始人雕爷在接受采访时说，“一个月烧过 1 500 万元左右。在一个城市的启动非常耗钱，发过 100 元的美甲券，这都是干赔”。

除了烧钱，企业做 APP 必须正视一个问题，即 APP 必须能够抓住用户的痛点。毕竟，用户并不喜欢下载 APP。如果企业的 APP 抓不住用户的痛点，不能针对客户需求，就很难抓紧客户。

如果不能赢得用户的欢心，高额的 APP 推广成本只会让 APP 运营乏力，会为企业带来一定的负担，耗费企业的资源。君不见，很多上门搓澡、早餐配送的 APP 在还没有被更多的用户知晓时，就已经悄悄倒下。

门户自媒体：各自为营，不可忽视

门户网站基本都推出了自己的自媒体平台，扶持自媒体人在自己的平台上发布文章。而进驻门户网站的自媒体平台建立自己的自媒体，就类似于在各大门户网站上建立属于自己的博客或专栏自媒体。

一些门户网站自媒体平台，如百度百家、搜狐新闻、网易新闻、网易云阅读、今日头条等都是具有高知名度且比较受欢迎的自媒体平台，自媒体人可以在这些平台上建立自己的自媒体，发布自己的专栏文章。

门户自媒体平台的一大优势就是，这些自媒体平台依托的是大型门户网站，这些门户网站拥有庞大的用户群，在用户的心中具有一定的公信力，公众形象也好。所以，自媒体人发布高质量的内容，在这些平台上影响读者，能够帮助自己积累起一定的声望，树立品牌，为自己带来比较大的营销价值。所以，自媒体人应该善于利用这些自媒体平台。

举几个比较受欢迎的门户网站下的自媒体平台。

（1）搜狐新闻自媒体平台

搜狐自媒体申请比较容易，并允许在文章中添加二维码和本网之外的链接，营销人员还可以留下自己的联系方式，宣传自己。

搜狐自媒体平台的文章在发布后，比较容易通过。在这个平台上，好的文章常常有很高的阅读量。

（2）百度百家自媒体平台

百度百家的一大特点就是向国内知名的自媒体作家约稿，而付酬方式却是按效果付费，百度直接在自媒体作家的文章页面投放广告，所得广告收入100% 归作家所有。

百度百家的一个标杆式自媒体人物就是程苓峰。自媒体人在百度百家上发表文章，能够用文章为自己创造广告费。

（3）今日头条媒体平台

入驻今日头条的媒体平台时，申请比较简单。申请人可以根据自己的情况选择自媒体的入驻类型；入驻成功后，可以发布作品，后续则是可以申请完整版的自媒体。

今日头条适合垂直领域的专家、意见领袖、评论家及自媒体人士等，也比较适合企业入驻。

（4）网易新闻媒体开放平台

在网易新闻媒体开放平台上发布文章，文章会进入网易新闻手机客户端中。

很多用户都选择安装网易新闻客户端，因为利用好这个平台，自媒体人高质量的文章能够接触到一定数量的用户，内容也就能得到比较好的传播。

门户网站旗下的自媒体平台还有很多，自媒体人可以根据自己的需求寻找更贴合自己特点的自媒体平台，如腾讯大家、网易云阅读、360 百科等媒体平台。在利用这些平台做自媒体内容时，可以选择多运营几个平台。但是不要各自为营，而是把这些平台的力量结合起来，让他们相互配合，形成合力，充分为己所用。

当然，在这些平台上发布内容时，想让自己能够获得更多评论、转发和订阅，那么所发布的内容的质量一定要高，保证文章的内容有“干货”。

只有高质量的文章才能为你带来更大的阅读量。同样，在内容创作时，文章不需要特别的高大上，或是图文精美，文字修辞华丽等，反之，文章比较简单，比较贴近大众，或是分享知识和经验，或是为读者提供有价值、有启发的新鲜内容，做到坚持为读者提供实实在在的“干货”，都比较受读者的欢迎。

视频平台：主要视频平台注册账号

企业做自媒体，要充分重视视频的作用，找到好的视频平台，注册自己的账号，建立自己的视频自媒体，进而通过视频这种形式，传达自己的声音，树立自己的品牌。

第一，做自媒体要重视视频这种形式。

视频是一个比较好用的自媒体展示形式。

首先，生产视频的门槛比较低，只需要一个简单的拍摄设备，不限地方、时间，即拍即传。同时，视频能够让普通人对着镜头演说，并可以保持自己的风格，树立自己的个性，形成自己的品牌。从《晓说》到逻辑思维，再到各种自媒体人的播客，视频自媒体对于树立个人品牌的作用，已经让视频成为众多自媒体人自树品牌的新战场，越来越多的自媒体人会选择利用视频这种形式来输出自己的价值。

企业选择视频来表达自己，是运营企业自媒体品牌的一个非常好的尝试。而视频的服务形式，也能够让品牌更好地和用户产生互动。所以，做自媒体，要利用好视频，用视频为自己发声。

其次，做视频自媒体，要选择适合的视频平台。

平台很重要，好的平台能够让自己的声音传得更远。企业在建立自己的视频自媒体时，应该选择好视频平台，在主要视频平台注册账号，建立自己的视频自媒体根据地，发布自己的视频内容。

搜狐视频自媒体平台已经成为一个备受瞩目的新的自媒体平台。像扶持自媒体内容一样，搜狐视频自媒体开始对视频自媒体进行扶持，为优质的视频的创作者提供资金扶持和各类资源支持，并将优质视频创作者内容播放所产生的广告收入高额分享给视频创作者。可以说，搜狐作为视频平台中的大咖，企业借助搜狐平台，利用搜狐平台做视频自媒体，能够很好地为自己的品牌加码。

优酷虽然已经无法和搜狐、腾讯等视频网站比肩，但是作为视频网站中的元老，在用户心中拥有一定的地位。优酷的特点是，作为专业的视频分享网站，具有“快速播放，快速发布，快速搜索”的产品特性，也是互联网拍客的主要聚集地，同时也能够满足用户的多元化互动需求。所以，利用好优酷，能够很好地帮助自己更好地传播自媒体内容。

腾讯视频也是一个好的视频平台。腾讯的资源丰富，腾讯视频旗下聚集的用户比较多，同时利用腾讯发布视频也非常方便。如自媒体人黑马良驹的黑马公开课，第一期的黑马公开课讲小米的互联网思维，在腾讯视频上，播放了 9 000 多次。作为一般的自媒体人，这种点击量非常可观。

当然，除了搜狐、腾讯、优酷之外，具有竞争力的视频平台还有很多，如网易、爱奇艺、56、土豆等。这些平台也都是用户获取视频资源的主要来源，同样，用户在这些平台上也非常活跃。

总之，当各大视频网站已经为自己提供好了平台资源，那么企业就要利用好资源，根据自己的需要，找到适合自己的平台，发布自己的自媒体视频，以帮助自己更好地树立品牌。

3. 与传统平台合作，O2O 的力量

团购网站运用的是 O2O 模式。商家和团购网站合作把自己的商品挂到网上，为用户提供“折扣”“促销”“优惠”等服务，用价格优势把用户吸引到自己的实体店里进行消费。这种方式已经改变了很多人的消费习惯。如今，人们出门吃饭前，先要去团购网站上看看哪里既便宜又好吃，如果好吃就会成为店家的回头客。所以，很多店家正是通过这种方式为自己聚集了高人气。

传统企业借助 O2O 模式也能够为自己开辟出新的自媒体平台。传统企业可以建立自己的网站，通过互联网渠道销售产品或提供服务。把线上和线下的生意相结合，实现传统生意的互联网化，为自己创造更多的机会。O2O 已

经是传统企业发展自己的一种重要趋势。

那么，如何借助 O2O 的力量来建立自己的自媒体平台呢？

企业想要把自己的生意搬到互联网上，需要一个展现产品的载体，可以搭建一个网站平台，或是做一个线上的网店。当然，做线上网店时，可以借助一些重要的电商平台。如海尔拥有自己的电商品牌海尔网站，负责自主经营海尔的产品。同时，海尔也入驻了天猫，开设海尔旗舰店，以大范围地覆盖自己的用户。所以，企业除了搭建自己的专属网店外，也可以借助一些电商平台，和自己的线下实体店结合起来，发展自己的用户。

企业做 O2O 时，线下实体平台要具有一定的实力，能够保证实体店的产品和服务在业务和供应方面能够跟上用户的需求。同时，企业还要对自己的发展布局进行思考和规划，做到有目标、有策略、有计划，从而做到有的放矢。

做 O2O，还要求线下的实体店具有一定的信誉和口碑。信誉和口碑来自企业的优质产品和良好的服务，企业自己的产品和服务如果跟不上用户的要求，不能让用户满意，就很难在线上发展起来。所以，信誉和口碑是进行自我推广的有效方式，企业要把好关，在具体操作时保证产品和服务质量，保护好用户的利益。

企业保护好用户的利益，为用户提供满意的产品，让服务为用户带来超值体验。如此，企业才能够在用户群中树立起自己的口碑，进而让自己的品牌进驻到用户的心中，形成自己的品牌影响力。

4. 针对不同渠道重新设计内容的表现形式

自媒体做内容，应该规划一下内容在各个渠道的表达方式，把你的自媒体展现给更多的人看，把内容说给更多的人听，提升自媒体的曝光度和知名度。

进行自媒体内容推广，扩大自媒体的影响力，有几种比较实用的方法，其中包括利用百度的产品，把百度作为你的配合平台；做好关键词优化，把你的内容推到用户的面前；借势门户网站，提升知名度；借力名人名企，让他们为我代言。

百度，最佳的配合平台

企业做自媒体推广，百度是最佳的配合平台。为什么说百度最佳呢？因为，作为全球最大的中文搜索引擎，百度拥有上亿的用户，百度是他们接触信息的入口。

百度已经深入中国网民的生活，人们对它有着较强的依赖性。搜索引擎中，百度可以说是中国网民用得最多的搜索引擎了。而百度下的各种产品，如百度新闻、百度视频、百度图片、百度百科、百度文库、百度贴吧等，也是网民常用的产品。

对于企业，百度常常是用户进入自己的自媒体空间的一个重要通道。企业推广自己，向用户呈现自己的信息和内容，就需要重视百度的角色，把百度作为自身自媒体推广的重要配合平台。

百度知道

很多人搜索问题使用最多的也是百度，百度知道能够为那些不太能组织关键词、只能进行模糊搜索的用户提供他们想要的搜索结果，从而为网友带来福利。企业可以在百度知道上回答问题，做问答型推广。这种方式花费小，却能够接触到比较多的用户，让更多的人了解自己。

百度文库和百度阅读

百度文库和百度阅读也是企业自媒体做内容推广的选择渠道。它们是一个资源发布平台，也是一个学习平台。从学生到白领，百度文库满足他们对于文档的需求，也给自己引来了大批的流量。企业可以向百度文库上传有价值的文章，同时贴入品牌的信息，放上自己的链接，传播自己。

百度视频和百度图片

企业创作好的视频和图片，可以放到百度视频和百度图片这两个平台上展示自己，做内容推广。这种方式，能够方便用户在搜索时找到你，也可以给用户以比较好的感官体验。

百度贴吧

百度贴吧聚集了各种各样的同好群体。与其他社区论坛相比，百度贴吧在一些群体中有着很大的影响力。尤其是百度贴吧上有着众多年轻粉丝，他们在百度贴吧上非常活跃，也常常在这个平台上制造出各种粉丝大战和“爆吧”现象。自媒体运营者便可以利用好百度贴吧，找对目标群体，有针对性地影响他们。

当然，企业也可以利用百度推广和营销团队，进行品牌营销，利用百度强大的搜索数据库，以及对网民的了解，进行自媒体推广。

总之，借助百度，也是一种借势。企业进行内容推广和营销，利用百度的产品平台，在这些平台上以多样的方式，展示自己的内容，传播自己。找对了方法就能够做到以低成本为自己带来好的营销效果。

SEO，关键词永远是关键中的关键

如果用户手头有一本租车的电话黄页，当他们想要租车时，前几页的内

容常常是他们的优先选择。上网查找内容也是类似，当用户利用百度输入一个关键词时，他们会特别注意先搜索出来的网页条目，优先打开这些条目，从中发现自己想要的信息。

那么SEO是什么呢?

> 关键词优化也叫SEO，是Search Engine Optimization英文的缩写，是长期总结出的搜索引擎收录和排名规则，对网站进行程序、内容、版块、布局等的调整，使网站更容易被搜索引擎收录，在搜索引擎相关关键词的排名中占据有利的位置。

SEO就是利用这种优化技巧，使你可以排在用户搜索内容的前面，让用户更容易注意到你。企业想要让用户首先看到自己，就需要做好关键词优化，让自己的排名更靠前，方便用户更容易找到自己，进而提升自己的曝光度。

进行SEO，其实也就是把自己设计成更适合搜索引擎检索、满足搜索引擎排名的指标，从而让自己在搜索引擎检索中跑在前面。SEO与搜索营销挂钩，是企业进行网络营销的重要手段。

做好了SEO，效果是显而易见的。

第一，方便你的潜在用户更容易在搜索引擎上找到你，了解你。

第二，能够为自己引来更多流量，给自己的内容带来更多的访问量，从而借此机会展示自己的产品，展示自己的内容，提升自己的曝光率，从而进一步提升企业自身的知名度和影响力。

做好关键词优化，在进行内容设计时，需要注意以下几点：

第一，关键词的布局。

关键词作为文章的核心，如果关键词位于重要的位置或者采取了重要的格式，文章更容易排在前面。如果关键词出现在标题里，自己的权重就更高，排名也更靠前。

第二，关键词的密度。

关键词密度是关键词的字数与页面内容字数的比例。内容中关键词太多，可能会被判为作弊。曾经有一些网站为了提高自己的排名，会在自己的文章中插入与文章无关，然而却是搜索出现率很高的关键词，或是在文章中加入与内容无关的和大量重复的关键词。然而，这种方式已经不适用，也不再受欢迎了。

关键词太少，可能会达不到优化的效果，曝光的概率小。所以，在关键词的密度上比较合理的安排是，在搜索引擎允许的范围内，在页面中出现若干次，占到 2%~8% 的比例为宜。

做关键词优化，自媒体的内容质量很重要。因为如今的搜索引擎更重视内容的质量。要排在前面，你就要做出高质量的内容，同时要不断更新自己的内容，让自己的自媒体出现新的信息，有助于自己跑在前面。

当然，真正做好关键词优化，把自己排在他人前面，还是有一定难度的。企业需要运用各种工具，以一定的策略进行专业的运作，才能达到比较好的优化效果。

门户网站转载，借势发挥

几大门户网站，如新浪、网易、腾讯、搜狐、凤凰等是网民了解世界大事、获取各方面信息的重要平台。而这些门户网站的媒体规模和影响力也是一般的传统媒体所难以匹敌的。

门户网站属于高权重平台，在搜索引擎中具有高排名的优势。上面的文章内容，能够保持一定的时效性，其信息在用户搜索查询相关关键词和内容时，更容易被检索出来，曝光度也更高。门户网站上高质量的内容更容易吸引一些网站、博客论坛的转载，具有进一步的传播效果。

自媒体推广可以利用门户网站的公信力和传播价值，在门户网站的平台上发布文章，传播企业信息，一方面能够吸引用户的注意，另一方面也能提升企业的知名度和品牌度。

借势门户网站，可以采用以下两种方式：

第一，利用门户网站发布新闻。

企业可以制订自己的宣传方案，选择在腾讯、搜狐、新浪、网易、人民网、环球网等网站发布新闻稿。这些新闻稿，一方面可以提升品牌的知名度，可以借助门户网站的影响力，向自己的目标用户宣传自己，树立自己的品牌形象。另一方面，这些新闻稿的费用比较低，成本低，操作简单。

第二，借势文章转载。

门户网站的内容，主要来自转载，一部分为原创，一部分是用户产生内容。新浪网一些频道的内容，来自于新浪博客博主的文章。企业可以在新浪博客、搜狐博客、网易博客等博客上面撰写有价值的文章。如果你的文章被转载了，出现在门户网站的平台上，那么便是借势的一个好机会，有利于提升自媒体内容的热度。

当然，除了门户网站，一些社区网站、垂直网站和视频网站也是很好的推广平台。如社区网站中的天涯社区、豆瓣社区、猫扑、西祠胡同等，都有着大批的网民活跃其中。而腾讯、网易、优酷、土豆、56等视频网站，入驻其中，发布自己的内容，是用视频传播自己的很好的渠道。当然，企业也可以利用一些自身所处行业相关的网站，如一些旅游网站、装修网站等，都是集中于特定行业、特定主题内容的平台，用户的区分度很高，企业可以近距离接近自己的目标群体，做好推广。

借力名人名企

借助名人名企来宣传自己，是比较有效的一种自我营销方式。

新浪博客在发展初期，是依靠自身的媒体关系拉到了大批的意见领袖、知名人士、娱乐圈的明星来开通博客，在博客上撰写博文，为自己汇集了极高的名气。同样，微博也是借助同样的手法，先让各类名人名企进驻，披上金色的外衣，从而拥有了强大的吸引力。

> 知乎最初采用的是熟人策略，发邮件邀请好友。上线前期，邀请了大约200位用户，大多是创始团队的朋友或同事，这些人来自创业圈，不少是媒体人和行业评论员，在圈子内互问互答。用户数量达到了2 000人后，出现了雷军、李开复等IT名人，这些行业专业人士把知乎作为发声平台，贡献了高质量的回答，宣传了知乎的专业性，也吸引了大批人对知乎的兴趣。

名人的影响力很强大，有时候10万人关注你，可能不如一个名人关注你更有价值。无论是新浪微博、微信，还是知乎，他们对自己用户的吸引力与其背后的知名人士、专业人士的影响力不无关系。

名人进驻微博、博客、微信等自媒体平台时，因其知名度，只需要在平台上公布自己的账号，就很容易让人们自发关注他们，同时获得数十万的粉丝。如今很多社会知名人士、娱乐明星、行业领袖人物等，他们的账号常常有百万、千万的粉丝，其影响力自不待言。名人发起的话题更容易让粉丝响应，粉丝影响粉丝，从而产生极好的互动和互推效果。粉丝说好，不如名人说好。名人的推荐直接影响到他的粉丝，辐射到你。

名人的知名度和影响力是一种良好的势能，借助他们的自媒体平台推广自己，就能够很好地传播自己，有益于提高自己的曝光度，增加粉丝量。

所以，自媒体营销，要学会借助名人名企、各行各业的意见领袖、网络红人等推广自己，把自己推到公众眼前，为自己创造自我展示的舞台和机会。

如果你的营销策略是选择名人为你宣传，即需要一些过滤环节以选出最适合的名人。这些名人要与你的品牌在形象和气质上契合，能够表现自身品牌的价值。同时，企业在选择的时候还要根据一些数据指标，包括他们的粉丝数量、质量、互动性等，去分析这些人在自身熟悉的平台上的影响力和能够为你创造的营销价值。如果只是迷失于名人的外在名气，其借来的势能并不能保证是真实有效的。

借助名人，也可以借助名企。当你参加各种会议展会，与一些名企名人同台的时候，要利用好机会，搭顺风车，顺势宣传自己。做到用小成本，给自己带来大的营销效果。

积蓄力量

在平台上积蓄自媒体的力量时，要采取正确的策略，采用适合的方法，有的放矢，以达到为自己引来更多的流量，提升自媒体吸引力的目的。

1. 从企业官网起步，一周之后再发到其他网站

企业官网作为企业官方的发声平台，也是企业的网络根据地。相比微信微博平台是借台唱戏，官网是企业自建的平台搭台唱戏。企业做内容运营时，一定要用有吸引力的内容在官网上把戏唱起来，把官网的吸引力做出来。

好的内容能够积蓄自身的吸引力，提升自身的影响力。企业自媒体做内容运营时，要重视自己官网内容的吸引力，把好的内容放到官网上，沉淀一周时间，增加官网的访问量，为官网凝聚更多人气。其后，在内容上积聚起人气后，要做好内容传播，充分利用好内容的价值，把好的内容分享到其他网站，扩大内容的宣传效果。

第一，企业要把好的内容放在自己的官网上，让官网有内容。

很多企业忽视了自己的官网内容运营，或是长期不更新官网，或者是照搬其他企业官网的模式，发布相似的或是一些不相关的内容，使得官网上的

内容十分无趣，官网的吸引力非常弱，浪费了官网的平台价值。

用户在搜索引擎寻找与企业有关的内容、想要了解企业的动态时，官网就是一个重要的渠道，一个有趣的企业官网更容易让用户对企业的品牌产生好印象。同样，官网上的好内容，也能够吸引用户的转载，主动为企业做传播。

官网作为企业的代言人，内容好不好，有没有吸引力，关系这位代言人能不能成功为企业代言。企业要做好代言人的形象、提升代言人的吸引力，做好官网的内容，用内容吸引流量，增加自己的曝光度和知名度，提升企业品牌在内容上的营销效果。

企业自媒体运营者在创作出高质量、高水平的内容时，可以先放到自己的官网上，让官网活跃起来，为自己吸引更多访问。同时，企业也要制作出一些趣味、新鲜的内容，放到官网上，增加官网活力，塑造起企业官网的个性，提升官网的吸引力。

第二，有了好的内容，还要做好内容推广。

当好的内容在官网上为自己创造了一定的传播和营销价值后，企业自媒体还要做好内容的二次传播，把内容散布出去，放大内容的营销价值。

企业自媒体将自有内容在官网上保持了一段时间后，就要考虑内容的传播。可以把内容发到其他网站和自媒体，如一些门户网站、论坛等，吸引更多的阅读量和转载量，让更多的用户接触到自己的内容，了解自己的企业和品牌。

总之，企业要重视官网的内容运营，把好的内容放在官网上，让官网更具有吸引力，进而做好内容传播，放大内容的营销效果，把企业的知名度做出来。

2. 注重分享，从 PC 端分享到手机客户端

随着移动互联网的发展，上网环境已经从电脑变成了手机。很多人不再使用台式电脑，而是喜欢上了手机。

手机成为用户搜索自己需要内容的一大辅助工具。用户会用手机搜索自己想要的信息，去接触自己喜欢的品牌产品，查询产品价格，了解服务信息，也会用手机去阅读来自网络的多样化的内容，用手机观看视频，收看吸引他们的广告。

当人们习惯性地利用手机进入网络时，手机给各大企业网站带来的流量不可忽视。而从手机在传播和互动的效果上来看，手机要比电脑更方便、更快捷。

当用户携带手机已经成为习惯，人们的生活已经离不开手机时，企业做自媒体内容，要能够跟随趋势，把自媒体内容从 PC 端移入用户的手机端，深度接触用户。

下面是 Burberry 用 HTML5（简称 H5）页面游戏进行营销的案例。

企业可以根据自身的品牌特性开发原创游戏，也可以在经典游戏中融入品牌元素，制作出属于自己的页面游戏。页面游戏的一个优势是它包含了图片、文字和视频、音频，形式集视听等多重感官于一体，非常生动。对于用户来说，他们不用下载，即点即看。

Burberry 上海盛典的“从伦敦到上海的旅程”H5 游戏，非常具有艺术气息。用户“摇一摇”就会打开这个游戏，然后点击手机屏幕，会出现油画般的有着晨雾的伦敦的清晨。用户摩擦屏幕，能使画面上的晨雾散去；用户点击“河面”，河水会泛起涟漪；最后点

击屏幕上的白点，到达终点站上海。

对于用户，H5 这样的内容不同于以往的视频和图片的广告，并且加入了用户的互动，同时为用户提供了新鲜的体验，其营销效果自然不容置疑。类似的还有百度用 H5 做出美轮美奂的百度世界大会邀请函；腾讯的“生命之下，想象之上”的 H5 在微信朋友圈得到了广泛的传播。

有创意、有价值的内容，通过手机传给用户，是一种比较深入的接触，其传播效果也比电脑呈现的好，给用户带来的体验也不同。企业做自媒体要重视手机的角色，从 PC 电脑到手机，用新的方式把内容与用户结合起来，在数字空间让内容飞起来。

3. 能发链接的一定带上企业官网链接

企业官网是企业用来展示形象、服务用户、销售产品的重要平台，也是企业接触自己的用户、沟通用户的一大渠道。

官网相当于企业网络上的门店，人气很重要。企业应该做好官网推广，增加官网的访问量，同时吸引更多的用户光顾自己的官网，把它做得门庭若市。

那么，从推广官网，增加官网曝光度的角度出发，企业在发布内容时，内容所到之处都要尽量带上自己的官网链接。

为此，企业可以从博客、论坛、软文这几个方面去考虑，做好官网链接推广。

其一，企业可以利用博客做好友情链接。

企业在做官方博客时，应该把博客作为自己的副官网来运营。博客的营销效果不如从前，也无法和微博、微信比肩，但是如果把博客的内容质量做出来，积累到一定程度，培养出自己的博客权重，让搜索引擎更容易发现自己。在博客中贴入自己的官网网址链接，对于传播自己的官网既免费且好用。

新浪博客、百度空间、网络博客、新闻门户综合网站都可以开通博客，利用这些博客发布内容时，做好官网友情链接能够增加官网的访问量。当然如果是博客群建，那么链接的就更多，官网的推广效果也就更好。所以企业要充分利用博客，重视博客在进行官网推广的作用。

其二，企业要重视用论坛进行官网链接推广。

在论坛上发布内容，是推广官网链接的一个方式，也是使用最多的方法。很多论坛不允许发与广告有关的帖子，但是大部门论坛允许带上个性签名。有些论坛个人中心的个性签名上可以贴上官网链接。所以，企业可以搜集一些高权重并且能够带上签名的论坛，在发布内容时，贴上官网的链接。

企业在论坛的一些专门的广告区或是灌水区发布内容时，也可以加入链接。而在发与企业相关的内容版块，进行内容推广时能够带上链接的话，也要带上。在发帖和回帖中，可以发一些相关的话题来讨论，并合理出现自己的链接。

其三，企业要利用好软文进行官网链接推广。

企业做软文，如果发布到一些比较大的门户网站，就会被大量转载，官网链接，能够借势门户网站给自己发外链，效果就很好。而高质量的软文如果是发布到与企业有关的行业大型网站中，被一些小型网站转载的可能性也会增加。此时带上自己的链接，增加外链的速度就非常快。

当然，在百度贴吧、百度问答、百度文库中发布内容时，能够加入链接的也要加入链接。在这些版块中，接触的用户越多，官网的链接被打开的概率也就越大。

总之，企业发布内容时，不要忘记带上自己的官网链接。企业的内容发到哪里，官网的链接也就贴到哪里，用链接做好官网推广，从而为官网吸引更多的流量，增加企业品牌的曝光度。

4. 严格遵守发布平台要求

自媒体运营者发布内容的时候，从维护自媒体角度考虑，需要严格遵守发布平台的规范和要求。

各种自媒体平台在内容发布上的规范有着共通的内容，如不侵犯他人权利、不发表不实内容，不发布敏感类话题、远离谣言的信息链，不发布涉及商业机密的内容，不发布粗俗、侮辱、诽谤等言论，不侵犯他人知识产权等，这些都是最基本的要求。

以微信为例，依据《微信公众平台服务协议》，腾讯封杀微信公众账号的案例屡见不鲜。很多运营自媒体的人在微信上的冷板凳还没有坐热，因为违反内容发布规范，就被封了号。甚至一些运营了很久、关注度和知名度很高的公众账号，在不自觉中因为出现违规行为，也被永久封号，用户一夜流失，遭遇了“辛辛苦苦几十年，一朝回到解放前”的尴尬局面。

2015 年，微信公众平台加大了对平台的规范力度，依照《微信公众平台服务协议》及《微信公众平台运营规范》，对发送低俗类文章的行为进行整顿，像是标题、图片、内容等涉及低俗色情类性暗示等，或是做清空处理，或是做注销处理。

当然，如色情低俗、暴力血腥、赌博涉黑、欺诈广告、谣言散播等各类违反法律法规及相关政策规定的内容，很容易就能够避免。但是，企业自媒体要注意一些平台推出的新规范，注意在发布内容时不要踏入新的雷区。

如在2015年3月，微信为了保证用户体验，规范朋友圈的使用行为，新推出《微信朋友圈使用规范》，其中对某些诱导分享、诱导关注的行为定义为违规。

诱导关注：发送谣言、色情、测试类、答题类等内容诱导用户关注公众号，关注后用户才可见到答案或内容。

诱导分享：发送谣言、色情、测试类、答题类等内容诱导用户分享至朋友圈，分享后用户才可见到答案或内容。分享后对用户有实物和虚拟奖品的奖励。如邀请好友拆礼盒，集赞，分享可增加一次抽奖机会等。

强制分享：分享后才能继续下一步操作。如分享后方可预定或方可知道答案等。

胁迫、煽动分享：用夸张言语来胁迫、引诱用户分享。包括"不转不是中国人""请好心人转发一下""转发后一生平安""转疯了""必转"等。

类似引导关注的行为是很多账号在发布内容时，吸引关注的小技巧，如果不注意可能就会因为违反了平台规定而将账号注销。同样，内容侵权上，如未经授权发送他人原创文章，侵犯他人知识产权也会被处理。其他如集赞行为、外挂行为、刷粉行为、恶意篡改功能行为，很多账号都有使用，如今已经被官方严令禁止。

在微博、博客等各大平台上发布文章时，企业自媒体一定要特别关注这些平台对内容发布的要求，严格遵守要求，维护自己的利益。切忌在内容发布时为了吸引用户，采取急功近利的错误行为，导致账号被封，得不偿失。

5. 多做几个微信公众平台账号

在内容发布上，平台越多，接触到的用户面越多，能够发出的文章也更多，文章越多，被搜索的概率增加，企业的曝光度也随之提升。企业运作自己的微信自媒体时，为了扩大对用户的影响范围，要多运营几个账号。

第一，多运营账号，先要选择服务号或订阅号。

微信 5.0 上线后，微信公众账号分为订阅号和服务号两种形式。微信服务号，主要是为用户提供服务；订阅号，主要是提供信息和资讯。

在订阅号和服务号的选择上，企业如果想要通过微信为客户提供如查询、办理预约等服务，那么服务号比较合适。如果需要发送消息给用户，那么可以选择订阅号。对于小企业，服务号能够群发的数量比较少，相比较来说，订阅号比较适合。

当然，企业也可以根据自己的需要选择双轨运作，运营一个服务号，为客户提供有价值的服务；再运营一个订阅号，为客户推送各类具有吸引力的内容。

第二，多运营账号，要多做个人号和订阅号。

企业多做几个账号是指做个人账号和订阅号。

在个人账号上，企业的创始人、经营者或是主要管理者可以以个人名义建立个人账号。做个人账号的好处是，这样的自媒体是真正意义上的个人自媒体，可以体现个性，可以把个人的独特人格魅力附加在自媒体内容上，容易获得读者的认同，也比较容易运作成功。同时，企业也可以鼓励员工做个人账号，深入员工的朋友圈，增加企业的粉丝，扩大企业内容的覆盖面。

在企业订阅号上，企业多做几个与企业的产品、服务、用户有关的订阅号，同时对订阅号的职能进行划分，让这些账号各司其职，为读者提供差异性服务。

原是阿里巴巴技术总监，如今是非常受欢迎的自媒体人“鬼脚七”有一个 taobaoguijiaoqi 的订阅号和自己的个人号。订阅号向粉丝推送他的文章，个人账号以个人的身份面对粉丝，与粉丝互动。

我们来看一下与苹果有关的微信公众号。

苹果新闻：主要推荐最新的苹果新闻资讯、产品报价和实用技巧等。

苹果汇：周一到周五每天下午 4 点推送热门苹果新闻和使用技巧，推荐 App Store 应用及游戏。

苹果园越狱助手：即时收取关于 iphone/ipad 最新 IOS6 系统完美越狱的各种小东西，快速解决越狱时遇到的问题。

iphone 中国：“爱疯”一族乐此不疲，每天为大家奉上新鲜的 iphone 新闻、讯息、打折优惠活动，这里是果粉的聚集地。

果粉查询：官方的微信苹果查询助手，可以查询苹果保修时间，附近苹果授权售后服务中心，翻新机鉴别等服务。

玩转 iphone：这里是 iphone 迷的聚集地！它会为大家奉上新鲜好玩的 iphone 技巧、游戏、应用、壁纸、周边配件、新闻资讯等服务，只为和你一同玩转 iphone！

果粉俱乐部：微信公众平台致力于打造一个集微店、微社区于一体的服务于广大果粉的苹果社区，在这里会每天推送关于苹果设备的使用技巧、教程，也有苹果配件商城微店供大家选择自己喜欢和需要的配件等。

iphone 专区：“爱疯”一族乐此不疲在 iphone 专区每天为大家奉上最新最好玩的 iphone 游戏、应用、资讯！

iphone 频道：这里是 iphone 迷的聚集地！它会为大家奉上新鲜

好玩的 iphone 技巧、游戏、应用、壁纸、周边配件、新闻资讯！

这些是与苹果有关的微信账号，都是围绕着 iphone 一族做内容服务的。各个账号的功能不同，推送的内容不同，为粉丝提供的服务也不同。一大好处就是扩大了内容的发布数量，品牌的曝光度也更大，同时也能够兼顾不同粉丝的个性化需求，加强了 iphone 品牌和 iphone 一族的联系。

为此，其他的企业在运营微信自媒体的时候，可以学习苹果的做法。不过，这要根据自己的需要，在力所能及的范围内，在能够保证运营质量、符合平台要求的前提下多做。

6. 微博、微信发布要形成规律

很多自媒体运营者在微博微信上发布内容时不重视发布的规律性，或是三天打渔两天晒网，或是随意发布，没有定性，常常是随时随地不分时间段地发布内容。这种随性的方式，从细节上没有给用户创造好的体验，所以很多“挑剔”的用户就取消了关注。

自媒体能不能给用户带来好的体验，关系你的自媒体能不能获得他们的持续关注。运营官在进行微信、微博内容发布上，要避免随意性，从用户的阅读体验的角度考虑，规律性发布内容。

考虑到内容发布的规律性，自媒体运营官需要注意以下两点。

第一，在发布的时间点上，最好固定在一个时间点。

头条新闻的微信把自己定位为，每日推送全球头条，把自己设定为微信版的手机报。而头条新闻的一个卖点就是信息的即时推送。头条新闻在每天下午六点左右准时推送一天中最重大的新闻，订阅用户可以通过自己的微信直接了解每天发生的大事件和新闻热点，而不需要在海量的新闻中发现重要新闻。

下午六点的定时推送正是订阅用户的下班时间。工作结束，有了空闲的时间。用户只需要翻开微信内容就能够了解当天的重要事件，十分方便。这样的时间点安排，也能够让用户在无意识中培养出一个比较稳定的阅读习惯。

在发布时间点上，企业要看用户什么时候有时间，对用户的活跃时间进行分析，为自己选择一个恰当的时间点，以确保自己的内容能够精准地送达用户。

第二，在更新频率上，规划好更新的时间点和更新的次数。

在更新频率上，两次更新的时间间隔要有一定的安排，同时一个时间点不需要快速更新太多内容。微信每天推送的文章数量有限制，所以 1~3 篇比较合适。过多的内容，用户可能就不会去阅读。

在微博方面，需要特别注意的是，更新不能太过频繁，内容发布的次数要控制好，保持一定的内容数量，不要见到好的内容就连续去刷。如果不停地刷内容，占用用户的微博内容版块，让用户要不断下拉才能看到其他内容，用户体验会不好，微博被取消关注的可能性就很大。

总之，企业自媒体做内容发布，最重要的是关注用户多一点，有计划、有安排、有规律，确定适合用户又适合自己的内容发布方式。

引爆！

做引爆营销时，需要注重天时、地利、人和。运营官利用自媒体平台进行品牌营销时，要寻找有利的时机，找到对的传播者，在执行上做到快、准、狠，以达到品牌能量的充分释放。

1. 耐心等待时机

营销时机可以拆解为时和机。时，是时间，指的是恰当的时间点；机，则是能够被利用的好机会。好时机，就是一个有利的时间和机会。做引爆营销，好时机不是随时都有，也不会随时出现。企业要进行营销时，要耐心等待一个入场的机会，寻找最有利的时机。

企业做引爆营销，通常有两种方法，一是借势，二是造势。借势引爆，可以借助外部条件和机会来为自己做宣传，这些机会可以是热点新闻、热门事件、娱乐名人、流行、传言、新奇、奥秘等。抓取了这些机会，就找到了借势营销的引爆点。相比借势，造势引爆则是主动制造事件，主动出击。然而，主动出击，更要找准时机。

好时机的出现不是企业能够决定的。更多的时候，好时机出现了，及时抓住时机才能够成功引爆营销。而抓错了时机，引爆营销的引爆点就像受潮一般，威力很小。只能是落花有意，流水无情的结果。所以，企业需要耐心等待有利时机，并善于抓住有利的时机。

当然，这里的等待时机不是盲目等待，而是要有敏锐的观察力，不断紧跟热点，紧跟时事，发现最有价值的内容，找出最有利于自己的话题和事件，抓住有利时机，为我所用，为我创造价值。

很多营销热点通常不是无缘无故发生的，都是提前做好了准备，在等待中及时抓住好时机进行的一场有准备的战争。

《穹顶之下》是如何选择自己的发布时机的呢？

2015 年 2 月 28 日，柴静将其采访、录制了一年的雾霾污染调查类专题纪录片《穹顶之下》正式推向公众，将雾霾的话题变成舆论的焦点，成为 2015 年第一场重大公众事件。

这一事件之前，微博、微信上引起热议的是恶搞成龙的“duang duang”以及欧美社交上的“白金、蓝黑裙子之争”。《穹顶之下》一出，就将网民的集体无厘头的恶搞的热风吹散，风向一转，把人们的关注焦点拉到严肃沉重与普通人都息息相关的环保问题上。《穹顶之下》引得微信、微博、各大网络、报纸、广播纷纷报道，点击量、评论、转发传播范围广，时间持久。《穹顶之下》收看次数突破上亿次，成为舆论的最大热点。

对于《穹顶之下》，柴静做足了前期准备，当然也选择了恰当的推出时机。这场视频早在 2015 年 1 月就已经录好，但是却选择等到 2 月 28 日这个日子发布视频。这一天刚好是周末，春节各路人群集体回京没有多久，人们有时间上网。同时，此时网络上除了“duang duang”和“白金、蓝黑裙子”之争外，没有热点话题，也没有其他重大突发事件。于是，《穹顶之下》自然成为万众瞩目的中心。

可见，恰当的时机是引爆热点的必要条件。抓住了恰当的时机，才能够充分引爆营销的势能。所以，做引爆营销，无论是借机还是主动出击，都要紧盯时机，找准方向，抓准时间点，而后快速行动，做到不失时机。

2. 速度要快

一场成功的引爆营销来自于管理者快速的反应和超强的执行力。企业做引爆营销，一定在时机来临时，抓住难得的机会，利用好自己的资源，不失时机，精彩引爆，获得最佳的营销效果。

2013 年 12 月 31 日，微博博主眠无棉在她的新浪微博上发布了一条“重走妈妈的青春路、翻拍妈妈年轻时候的老照片”作为新年礼物送给妈妈的长微博。微博中深情的文字表达了对妈妈的爱，翻拍的照片重现了妈妈当年的笑容。

最美的笑给最爱的你，这条温馨动人的微博，感动了很多网友，网友称赞“有创意，有爱心”，是“送给妈妈最好的新年礼物”，“女儿是妈妈生命的延续”。2014 年 1 月 1 日，这条微博也得到了许多蓝 V 新闻媒体的微博账号的报道和传播，大批网友纷纷转发。

护肤品牌 Olay 在翻拍照片内容传播开来之后，反应十分迅速，在 2014 年 1 月 2 日表示已经与女生取得联系，并会把她的这个温情故事继续传播，然而并没有交代要做什么，而是埋下了一个伏笔。

2014 年 1 月 5 日，Olay 官方微博发布了根据眠无棉翻拍妈妈旧照片故事改编的微电影预告：最美的笑给最爱的你，期待 1 月 6 日温情上映。

2014年1月6日，Olay在其官方微博平台发布了这条微电影视频。视频以《献给最美的笑容》为名，把眠无棉的故事放进去加以改编，讲述一个在外地工作的女孩，过年回家前，通过翻拍妈妈旧照片的形式，为妈妈准备新年礼物的故事。视频最后，女儿把翻拍照片和限量版Olay大红瓶一起送给妈妈，希望通过照片重现妈妈的青春，通过Olay大红瓶，延续这份青春，让美丽绽放，让笑容永恒。

Olay借势热点进行的品牌营销，展现出的是Olay的魄力。而营销正是讲究快、狠、准。而“快、狠、准”在Olay的案例里得到充分的体现。

就“快”来说，2013年12月31日眠无棉发布微博，2014年1月2日Olay联系了眠无棉要翻拍故事，敏捷迅速。通常，热点的热度在网络的持续时间有限，3天后就可能会被其他的热点所代替。因此，Olay是紧抓时机，快速反应。

就“狠”来说，Olay的执行具有一种狠劲，从策划到拍摄完成，只用了一周的时间，体现的是运营团队的高效的执行力。

就“准”来说，视频的品牌诉求定位非常准确。眠无棉故事的内容和情感都非常契合Olay的品牌理念。笑容和礼物，正是Olay想要传达给消费者的信息。

Olay找准了眠无棉的故事和品牌的契合点后，重现故事，把温情以真实的影像呈现出来，传递了爱，传递了感动，也传递了品牌应对岁月的伤害，留住美丽和笑容的核心诉求。这条温情路线，达到了拉近消费者对品牌的距离、唤起了消费者情感的目的。

一场成功的引爆营销，其成功的关键取决于营销者是否能够及时抓住时机。如果时机到来时能够紧紧抓住，制定严谨有序的营销计划，快速有效地进行落地执行，就会大获成功。反之，时机出现时，反应太慢，时机就会迅速流失。同样，执行不狠，时机的效力就会受限。定位不准，时机的价值就不能完全为我所用。

所以，时机一旦来临，企业一定要快速反应，出手要快、狠、准，集中资源，实现在短期内取得最大的效应、完全引爆热点的效果。

3. 找到传播者

营销讲究天时、地利、人和。其中人和，是要找对人，找对自己的传播者。

找对传播者，要去找族群中的大人物。想要影响自己的用户群，还要找到最受用户群欢迎的、最能影响用户群的人。找到了能够影响用户的人，营销的效果才能够成倍地放大。

族群中的大人物

所谓族群，其实是一群和其他群体有所区别的人群的组合。一个族群能够形成是因为这个族群中的人们在某些方面有着共同的特征和相似点，如兴趣爱好、价值观、教育水平、职业背景、年龄层次、地域环境等，这些相似点让这个族群能够和其他的群体明显区分开来。

现实世界里分布着各种各样的族群。与知识有关的族群有灵魂和生活都在网上、富有智慧的极客；有在网上出售个人智慧、知识、专业特长与创意点子的威客；有崇尚共同创作、编写字典或百科的维客；与生活主张有关的也很多，如倡导积极正面的生活，身心健康有活力的乐活族；提倡慢生活，追求平衡，关注心灵成长的慢活族等。不同的族群通常有着不同的关注点，有着一个族群所特有的追求。

当然，也有一个非常受关注的名为“粉丝”的族群。粉丝族群或是对产品有着热爱，如 iphone 的果粉、小米的米粉、IBM 的黑粉；或是对名人明星有着痴迷，如金秀贤在中国的 Kmoon 粉丝群，在韩国的 Yukaris 粉丝群，EXO 的行星饭粉丝群等。这些粉丝或是为产品疯狂，或是为人而疯狂。

无论是哪一种族群，正是因为品味和追求相似、兴趣爱好相似、价值观相似等种种的相似点让他们凝聚在一起，形成自己的族群。

影响一个族群，需要先去影响这个族群中的中心人物。而中心人物，通常是族群中公推的大人物。

族群中的大人物在族群中享有一定声望，被这个族群所认可。这些人相当于族群中的意见领袖。他们或是在特定领域非常精通，或是非常具有个人魅力。他们自身所特有的闪光点，使得他们能够在特定的族群中扮演着一种重要的角色，在族群中享有极大的号召力和影响力。

通过族群中的大人物把信息扩散出去，就能够充分到达这个族群，在这个族群中产生强有力的传播效果。

为了影响那些喜欢运动、追求潮流的青年人群，体育用品品牌阿迪达斯邀请的代言人是西蒙、海宁、乔纳罗姆、卡洛斯等体育运动界的明星，还有李孝利、范冰冰、陈奕迅等娱乐明星。这些明星都在青年人中享有高度的影响力，他们所具有的运动员的气质和休闲的风格，以及较强的明星效应，稳固了阿迪达斯在消费者心中的影响力。

想在青春女孩中传播就要找李敏镐

对的营销，是要找到对的传播者。适合的人通常是最好的传播者。营销中，能够传播自己产品的往往是和企业品牌气质契合的对象，只有合适的人才能表现出品牌良好的品位，才能成为放大品牌魅力的传播者。

如 Jeep 选择谢霆锋、刘强东、王石作为代言人。他们或是成熟的艺人或是成功的企业家，他们拥有不同的个人魅力，背后又有着各自精彩的故事和动人的情怀，能够充分传达出 Jeep 品牌所要传达的不羁的个性和内在的精神，传递的是有闲阶级中高端人群的品质和品位。

不仅要找到对的人，而且这个人还要能够吸引自己的用户群、在用户群中具有很高的人气。

人气是生产力。有人气的人是最受自己的用户群欢迎、让用户追捧，乃至让用户疯狂，让用户尖叫的传播者。找到了有人气的传播者，就找到了沟通用户群最有效的方式。进而在传播的过程中，品牌传播的价值才能够得到充分的释放。

如果自己的目标用户群是青春女孩，想要影响他们，就要选择最能够唤起她们热情的人，如“长腿欧巴”李敏镐。

随着《城市猎人》、《继承者们》的热播和春晚期间的频繁曝光，李敏镐在中国的人气扶摇直上，人气无人匹敌。微博上李敏镐拥有着 2 000 万以上的粉丝，每条微博下都有着上万级的评论和转发，高热度的微博内容的转发量和评论常常以几十万为计。

在马年春晚上，李敏镐的《情非得已》轻松获得直播当晚最高收视率，微博热议指数上百万，以“李敏镐”为关键词的央视春晚播放量居高不下。人气爆棚的“长腿欧巴”成为国民话题，引发了一股新韩流。

李敏镐的人气来自于年轻女性对他的热烈追捧和疯狂的追逐。他的粉丝主要是一些年轻女性，其中以年轻的学生、白领为主。李敏镐走到哪里，全国各地的年轻女性粉丝就追到哪里；为了李敏镐，翘班、翘课，围堵李敏镐，将李敏镐变成“堵神”，甚至有女孩痴迷李敏镐直逼男友为爱整成李敏镐，这样的新闻屡见不鲜。

从李敏镐对年轻女孩的影响力可以看出来，在传播者的选择上，找到符合用户喜好的、具有高人气的传播者，传播效果一定好。

想在成功男士中传播可能要找海清

年轻女孩喜欢李敏镐，李敏镐能够燃起她们的热情。然而男性却不以为然了。女性追捧这位最红的“长腿欧巴”、巨蟹座呆萌大暖男时，男性则是在一片“唱这么个歌就能上春晚？”、“长得帅了不起啊！”的不满中，纷纷为“李敏镐滚出春晚”的微博话题点赞。

不同的用户群，有不同的喜好和审美，对影响他们的因素有着自己的认知。最受追捧、最有人气的人不一定能够符合目标用户群的胃口。如果目标用户群不喜欢，再高的人气也不能在自己的用户群中掀起热潮。

所以，企业自媒体要找到符合目标用户审美和喜好的人，分析自己的用户，找到适合用户群的品位、符合用户群体的喜好和审美、让他们欣赏的人。

如果你的用户群是一批成功男士，他们成熟稳重，眼光挑剔，自我管理明确，坚持自己的风格和主张，想要影响他们，用李敏镐肯定不行。反之，带有知识精英的严肃，具有高端人士的精神和气质，行为不羁、成熟果敢、自由奔放的传播者往往能够让他们欣赏，获得他们的认同，同时也能够影响他们。所谓，异性相吸，那些具有刚强独立的内在，有主见、有主张，又不会太霸道、任性，又不失小女人气质的女性往往能够获得他们的青睐，如海清。

总之，有着好的传播效果的传播者，是适合自己、适合自己的用户的，符合自己用户的审美的传播者。找对了能够影响自己用户的传播者，才能为自己带来高人气和好的传播效果。

自媒体运营官自我修炼

自媒体运营对于现代企业来说很重要。作为自媒体运营官必须要有“两把刷子”，自我修炼必不可少，这样才能带领自媒体团队，让企业在自媒体中占得先机。

一位优秀的自媒体运营官，想要把自媒体的品牌建设变成一种可见、可感、可实现的结果，就必须进行自我修炼，提升自身软实力。

1. 结果导向思维

企业做自媒体经营，最大的目标是让品牌价值在自媒体平台上得到释放，实现最大化平台的价值，实现品牌与用户、产品与用户的精确对接，进而确保品牌能够在自媒体的平台上最大限度地被引爆。

要实现自媒体的品牌价值，有些企业会把运营目标细化到员工的任务中。然而，有了任务不等于有了结果。虽然员工会忙于完成任务，但是只有完成任务的过程，却不一定出效果。如此，不但不能达到自媒体运营的一般目标，在这样的过程中，还浪费了大量的人力、物力和时间。

造成这样的局面是因为，运营者缺乏一种结果导向的思维，制定的运营任务是在用过程和程序说话，而不是用结果说话。

对于自媒体运营官，运营的全部意义必须体现于结果中。只有面向结果，才能获得结果。而这种以结果为导向的思维是运营官所具有的软能力，是一种素质，也意味着一种面向结果的执行力。

第一，结果导向是自媒体运营者的一种必备素质。

所有执行型人才所共有的特点，是对自己负责，对结果负责。

结果导向是一种心态，对自己负责，对自己的责任负责，勇于担责。在行动的过程中，不断激发起自身进行有价值的行动的意志，不是想要，而是一定要。马上做、立即做、现在做、坚持做，尽最大的努力做好。

对结果负责，运营官必须具有强烈的责任心和敬业精神，在自媒体运营中做到锁定自己的责任，锁定结果。

第二，结果导向体现自媒体运营官的执行力。

结果至上，直奔结果，意味着运营者具备强烈的执行意识，对任务坚决执行。

自媒体运营者在自媒体运营中的执行力，表现在运营者对运营工作进行缜密的策略性思考，进行周密的战略规划，在执行中把管理和运营工作落实到位，进行高效的执行。

当然，在执行中，运营官要精益求精，在专注于结果的同时，从结果出发，进行逆向思维，在创新中寻找结果，创造一种极致的结果。

总之，自媒体运营中，运营官要具有结果导向思维，面向结果，直奔结果，高效地对结果进行快速执行。

2. 跨界知识

信息时代，信息总量出现了爆炸性的增长，信息传播方式更加便捷和迅速。互联网下的每一个人都在有意和无意中接受了跨界的知识储备。而超越传统的思维局限，突破精密、严谨、控制、单一的思维模式，寻找颠覆、创新、融合的跨界思维已经成为这个时代必然的趋势，成为互联网下成功的经营者所必须拥有的能力。

在自媒体运营上，只懂得经营内容的自媒体没有长远的未来。而富有想象力的自媒体则是在经营内容的基础上，为用户提供一种跨界的服务。这种跨界的想象力，也是自媒体发展的必然。

从阿芙精油到雕爷牛腩，从皮娜鲍什下午茶到薛蟠烤串，再到河狸家的美甲，雕爷玩的是一种跨界。作为音乐创作人的高晓松，跨界做视频脱口秀，用《晓说》在做跨界。罗永浩，做视频脱口秀，做微信自媒体平台，还做社群电商，是用自媒体在做跨界。顺丰优选和荔枝 FM 联合起来发荔枝，和逻辑思维联合起来卖月饼是一种跨界。网络游戏和娱乐圈合作，让明星为网游代言也是一种跨界。

这些跨界，玩的是突破，玩的是新鲜，玩的也是创意。跨界已经成为一种新思想，一种新文化。自媒体的未来必然包含着跨界，自媒体的经营者需要具有跨界的知识储备，用跨界的思维进行自媒体经营。

跨界，需要专注和专业

做自媒体，专注和专业很重要。自媒体运营者必然需要对自己所处的行业有着深刻的观察，在特定的专业领域很擅长，对特定领域具有通透的观察和理解，具有自己的策略和谋略，从专注中挖掘价值。

跨界，需要进行知识扩充

从东方到西方，从天文到地理，从人文到科学，从旧到新，无论是哪个角度、哪个方面，自媒体运营官必须要有丰富自身知识储备，升级原有知识，提升自身知识的生产力，进而从知识上寻找到跨界的入口。

跨界，需要进行视野扩展

跨界是一种突破，需要自媒体运营官扩展自己的视野。

视线所及，需要跨越行业、领域、区域的限制，拨开思想的迷雾，从世界乃至宇宙的整体格局上来观察，对现实进行透视，对传统的理念和文化，进行不断的颠覆和创新，进而从中挖掘出新思想的源头和活水。

跨界，需要超越旧思维

互联网的世界，没有绝对的对立，只有永远的融合和超越。

自媒体运营官必须升级现有的认知体系，不断刷新传统，拆解旧思维。无论是生产信息、加工信息，都是用创新的本质作为链接。如水一般，保持思维的持续的流动和变化，跨入其他的领域，成为一种没有拘束的前进力量。

拥有跨界思维的自媒体运营官，会是自媒体世界的大玩家。每一位自媒体运营者都应该具有跨界的思维，储备起跨界的知识，拥有跨界的视野。在自媒体运营时，用跨界的眼光，把旧格局打破，把新渠道打通，把理想放飞。

3. 沟通与协调能力

成熟的自媒体运营者，不一定是高智商的人，但一定是具有高情商的人，这种情商，尤其体现在运营者的沟通协调能力上。

善于协调的运营者，无论多么复杂和繁重的工作，都能够协调自己的团队，做到分工明确，整体一致，全员前进，举重若轻。而不善于协调的运营者，面对自己的团队和用户，无法推进自媒体运营工作有效进行，举轻若重。

在自媒体运营中，自媒体运营官对内要管理好自己的团队，协调好团队行动；对外管理好自己的用户，与用户建立起良好的关系，扩大自媒体平台的影响力。

第一，自媒体运营官必须做好团队的沟通协调。

自媒体运营是一个团队在运营，自媒体运营官能否沟通协调好团队，不仅关系到团队的整体关系和团队的凝聚力，而且关系到团队的工作绩效，也关系到单个员工对于组织的信任度，更关系到自媒体的运营目标能否有效、高效地实现。

沟通要求自媒体运营官必须具有团队意识，理解自己的团队，爱护自己的团队，向团队传达有效的信息，在沟通中彼此信任，让团队凝聚成一个核心，形成整体一致的意识和勇于前进的意志。

协调要求自媒体运营官调整团队行为，妥善分配团队中各员工的工作，让整个团队相互配合，保证整体的目标能够有序、有效地按照计划进行，在协调中实现一种高效。

这种协调体现在，首先，运营官能够强化目标，统一团队的思想认识和行动。其次，运营官能够明确方向，在过程中调整好工作思路，遵循运营的计划和目标方向稳步前行。再次，运营官能够消除内部可能存在的矛盾和信息不对称，控制不稳定的因素，协调变化的因素，确保整体的运营工作能够在信息透明、全员一致中高效地进行，进而确保自媒体运营目标能够顺利完成。

第二，自媒体运营官必须做好用户沟通。

自媒体运营官面对的是自己的用户，扮演的是沟通好用户，与用户建立起良好的关系，把用户聚集在自己的平台上，吸引更多的用户成为中间人和协调者的角色。

很多自媒体运营者每天在发布新内容后，可以即时地在后台获得各种读者的点评，收到各种各样的反馈。这些反馈内容，有的是用户对企业的埋怨和不满意，也有各种针对企业的产品和服务的咨询，还有用户的意见和建议，有时则是用户出于兴趣的互动内容。

自媒体运营官要善于和用户沟通对话，在互动中把自媒体的圈子做起来。和用户实现有效的沟通，考验着运营官的沟通能力。这种能力是运营官赢得用户的常备武器，是优秀的自媒体运营官所具有的职业能力。

总之，沟通和协调能力是自媒体运营官的角色要求。这种角色要求自媒体运营官对内统一思想认识，统一行动，建立起一支运作良好的优秀运营团队；对外，沟通好自己的用户，把自己的用户聚集在自己的平台上。

沉淀自己，随时候命

自媒体运营官在进行自媒体运营时，应该结合企业自媒体的特点，对企业自媒体运营具有洞察力，在运营时坚持从树立品牌的角度考虑，沉淀自己，随时候命，为自媒体运营做到全力以赴。

1. 传统企业的自媒体运营并不那么容易

传统企业在互联网转型上，有一个普遍的共识是，转是找死，不转是等死。做自媒体也是一样，传统企业并非生根于互联网，要在互联网上嫁接新枝，让其发出新的绿意，并不是那么的容易。

第一，传统企业做自媒体有难度。

传统企业做自媒体，意味着企业经营者需要重新思考自身的市场观念、商业模式、管理理念和价值观，用互联网的思维来思考用户，思考企业和用户的关系，思考企业原有的商业运营模式。这种思考背后需要互联网思维，要求传统企业做出突破，然而突破模式和形式容易，突破价值观却并不容易。

传统企业经营者的经营理念和价值观已经根深蒂固，虽然知道互联网思维很重要，自媒体经营很重要，然而对于互联网还有着警惕和顾忌，无法全心全意地拥抱互联网，真正地进入互联网，运营好自己的自媒体。

要把自媒体运营得好、运营得深入，就意味着传统企业要调整企业的产品以及企业背后的利益链和供应链。在这方面，传统企业的经营者并没有自媒体运营经验，在自媒体运营上还有很多顾虑和疑问。

很多传统企业虽然建立了自己的自媒体平台。然而，新瓶装旧酒，没有新意，大把的烧钱，却没有带来想要的结果，耗费了企业的资源和精力。

很多企业经营者并没有深入思考自媒体的长远价值，以及如何挖掘自媒体的价值。在经营自媒体时，所持有的是一种“急功近利”的态度，把自媒体作为营销平台，代替传统广告的角色，希望能够快速地为自己创造收益，看到销售额的增长，从而运营出一个没有长远发展前景的自媒体。

第二，让用户接受传统企业的自媒体并不容易。

如今的用户希望接受的都是新鲜事物，所要求的是活跃的、有趣的、别具一格的新东西。你需要让他们有喜欢你的理由，这也加大了传统企业做自媒体运营的难度。

传统企业做自媒体，是要面对用户，调整自己，与用户作一种新的沟通方式的尝试，在这种沟通中为自己创造商业价值。然而传统企业自身可能难以发现吸引用户的闪光点。而如果不能找到自己的独特价值点，找出与用户沟通的有效方式，不能使用用户的语言，发布用户喜欢的内容，传统企业做自媒体就很难做得深入，用户也就很难被吸引。

用户的信息接收方式与阅读习惯已经改变，传统企业是否能够做好内容经营，突破观念贴近用户，创造出用户喜欢的、吸引他们的内容，是企业自媒体运营中的一大问题。

总之，传统企业做自媒体，就像在做一个新产品。这种新产品植根于互联网，面向的是已经改变了的用户，需要做出具有“青春和活力”，需要释放出一种“新意”。习惯于墨守成规的传统企业在自媒体运营中，是否能够生发出一种新意，做出有价值的过渡和更新，对传统媒体来说仍是一个未知数。

2. 相信传统企业管理者的经验

自媒体运营官运营自媒体，采用互联网思维，以新的方式运作一种新的平台，在这个平台上为企业创造新的价值。而在运营上，自媒体运营官需要意识到，虽然互联网颠覆了传统的管理理论，但是有些经典经验依旧具有价值；因而，在自媒体运营管理上，自媒体运营官需要相信传统企业运营者的经验。

创业 4 年创造了 700 亿元产值的小米，其成功的背后是遵循着传统的经典的管理模式。在总结企业成长和成功的经验时，小米董事长雷军说："小米之所以在短时间内实现飞速发展，我觉得不是小米的互联网魔力，而是小米的价值观、方法论，'严于律己'，努力把每一件事情做好的决心。第一，向同仁堂学习，强调真材实料做好产品。第二，向海底捞学习，和用户做朋友，和用户互动。第三，向沃尔玛学习，高效率地运作，控制好自己的成本，缩短中间环节，这样使你的产品以接近成本价直销。"

无论是同仁堂、海底捞，还是沃尔玛，都是传统企业，都代表一种传统的经典管理模式。而这些管理内容在互联网颠覆理论的时代，作为经典，是辅助新时代的企业走向成功的重要法则。

在自媒体经营上，传统企业管理者虽然不熟悉互联网趋势下的平台经营，没有自媒体的管理经验。但是，他们拥有传统经营管理中提炼出的经验和思维方式。这些经验和思维，常常是一些新生的互联网企业经营者所没有的。同时，他们在商业的世界打拼中，对变革更有着一种通透的眼光。

传统的企业经营者最了解自己的企业，面对市场拥有敏锐的眼光，面对机会，具有敏锐的商业嗅觉，也最了解如何在这个商业的世界里进行实战。

他们在实战时，重视管理的基础，会建立自己的决策班子，制定战略方法，同时为自己建立一支能征善战的队伍。他们在决策上很谨慎，但是一旦进行拍板，就会锁定目标，投入其中，快速推进。

互联网世界发展得太快，当人们还没有从微博上挖到金矿时，微信已经超越了微博，产生了一种新的潮流。很多为互联网思维所绑架的经营者，在运营中想要借着风势扶摇直上，急于发出自己的声音，最大限度地扩张自己。然而，没有传统管理的根基，当热度降下来时，无所适从，不知该走向何处，丧失自己的位置和方向。

传统管理者在商业世界红海中的搏杀，让他们不会被趋势所裹挟，被潮流所绑架，被浮躁所迷惑，也不会进行武断的变革。他们的经验就是，在实战拼杀中积累了经验，具有了敏锐的眼光，在这个变革如疾风骤雨般的世界里，要站稳脚跟，扎实地迈好每一步，奋勇前行。

自媒体运营官做企业自媒体，必须要相信传统企业管理者在实战中获取的管理理论和经验，即使在互联网时代，历经岁月的打磨，这些理论和经验依然具有价值。

3. 高效的执行力是必备素质

拥有高效的执行力，是自媒体运营官具有的必备素质。这样的素质和能力是自媒体运营官实现自媒体运营目标的重要利器。

关于执行力，阿里巴巴的马云与日本软银集团总裁孙正义曾经探讨过这样一个问题：一流的点子加上三流的执行水平，与三流的点子加上一流的执行水平，哪一个更重要。两人的答案不谋而合，即三流的点子加上一流的执行水平。再好的点子，没有有效的执行，也只是点子而已。反之，严格执行，有效地运作，点子却能够变成可见的有价值的结果。

自媒体运营需要执行。自媒体运营官要运营出好的品牌自媒体，就要具有高效的执行力。自媒体运营官的执行力，体现在贯彻自媒体运营的战略和意图，完成自媒体运营既定目标的操作能力。

自媒体运营官高效的执行力体现在三个方面，一是执行速度，二是执行质量，三是执行态度。

在执行速度上，执行是一种迅速的执行

马云说："阿里巴巴不是计划出来的，而是'现在、立刻、马上'干出来的"。所以，执行应该是一种不折不扣的执行，是迅速的执行。

自媒体运营中，运营者会制定出详细的战略计划。有了战略计划，就需要迅速地去执行，快速地去实施，把计划方案从一张白纸变成切实的行动，把运营目标变成实际的结果。而这种执行，是一种没有借口，自觉自发，锁定结果，锁定责任的执行。

在执行质量上，执行是一种高效的执行

高效执行就是有目标、有计划、运用科学的方法、手段或策略，让目标、计划、方案高质量、高效率地得到落实。

高效的执行，考验着自媒体运营官的办事能力。自媒体运营官需要在既定的战略目标的前提下，把自己能够利用的资源进行整合，把能够发挥的力量进行集中，制订出可行的战略方案后，保证运营目标能够得到有效实现。

在执行态度上，执行是一种坚持中的执行

在自媒体运营上，迅速执行和高效执行，只能够保证自媒体运营阶段性的运营目标得到实现。自媒体运营的一个难度在于，在执行上真正坚持下来的人并不多。毕竟自媒体运营周期长，见效慢，需要长期精心运作。如此就

考验着自媒体运营官是否具有一种执行的毅力，始终如一地坚持执行。

罗振宇在逻辑思维的运营上的坚持，就是一种死磕。以逻辑思维的60秒语音来说，罗振宇每天早上6点起床，录一段60秒的音频，在6点半左右发在微信上。为了让这段话刚好卡在60秒，他在前一天晚上往往会练习好几遍。

"所有的媒体人6点半都起不来，那我就死磕，做你们做不到的一件事，别人做不到，我做得到。"连续几年，无休止，不变更的60秒语音所代表的死磕精神成为罗振宇在自媒体运营上的坚持。

迅速的执行，高效的执行，坚持去执行。在执行过程中，带着激情和责任上路，专心投入工作，即便面对困境和阻碍，也要朝着既定的目标坚定地前行，把执行的效果做到最佳，把事情做到最好。运营官拥有了这样的执行态度和执行素质，自媒体运营目标自然会变得可见、可感、可实现。

4. 有较强的品牌意识

自媒体运营是在自媒体平台上打出企业的品牌，树立起企业的品牌形象，需要自媒体运营官有较强的品牌意识，运营出一个强有力的自媒体品牌。

所谓自媒体运营官的品牌意识，是指运营官关于品牌运营所具有的基本理念和思维。用品牌意识去运营自媒体，意味着自媒体运营官必须具有良好的品牌认知，在自媒体平台上把品牌的思想、理念、文化、价值观塑造出来，把品牌定位传达给用户，在用户心中树立起企业的品牌形象。

自媒体运营官不能没有品牌意识

自媒体运营官如果没有品牌意识，就无法塑造出自媒体品牌。如果用户感觉不到品牌，就无法形成企业品牌的概念，也不会在用户心中对企业的品牌怀有联想。从这个方面来说，运营官没有品牌意识，就相当于没有自己的身份意识。

品牌意识落后，无法孕育出一个良好的自媒体品牌

自媒体运营官做自媒体如果品牌意识落后，对做品牌没有自己的思考，那么在运营中就无法为自己创造出一个强势的品牌，也无法让品牌在用户心中形成强有力的认知。

因此，自媒体运营官必须明确自身作为品牌的推广专员身份，具有强烈的品牌意识，同时对品牌有洞察，对用户有理解，对市场有分析，对品牌发展有策略，以创造出一个强势的特色自媒体品牌为目标。

自媒体运营官必须具有两个品牌理念：一是不断强化品牌；二是持续创新品牌

在运营品牌时，运营官必须具有提升品牌能量，持续创新品牌的品牌运营理念，在具体运作中，充分实践这些理念，做到对品牌力进行有效强化。

很多传统企业走入网络，品牌设计是单调的，内涵也非常浅薄，没有自己的个性，在接触用户时，吸引点就相对较少，活跃度很低，品牌内容比较僵化，品牌难以产生较大能量。

对于品牌能量低的品牌，自媒体运营官就要调整品牌定位，让这个品牌活起来。这就需要自媒体运营官要考察自身品牌的产能，适时升级品牌的概念，改进品牌的特性，丰富品牌的个性，增强品牌的核心优势，提升品牌的生产力。

一个能够进行持续创新的品牌才是一个具有生命力和活力的品牌。创新品牌意味着，自媒体运营官必须能够不断升华自身的品牌观念，不断更新自身品牌思维，从用户、市场、自媒体发展等方面进行思考，创新策略，增强自媒体品牌的成长性，提升自媒体品牌的持续竞争力。

总之，自媒体运营官必须要具备较强的品牌意识。运营官只有树立起品牌意识，具有不断提升品牌能量、持续创新品牌的思维，才能在自媒体平台上运营出一个比较强势的自媒体品牌。

5. 顺应自媒体特点培养个性

自媒体的个性化很重要。自媒体运营官需要培养出自媒体的个性，营造出鲜活的自媒体形象。

自媒体如果没有属于自己的个性，平凡无奇地存在，那么这样的自媒体就让用户失去兴趣。用户不愿意去关注一个没有自我特点、没有个性的自媒体，他们愿意关注那些能和他们进行趣味的沟通对话，具有人格化特点，有态度，有主张的、个性化的自媒体。

做自媒体，杜蕾斯的“小杜杜”就做出了个性和新意。

杜蕾斯在前期做微博时，只是一个免费的发布栏，单纯发布或是转发与同类产品相关的话题。当然，这种定位无法吸引微博用户的兴趣。在运营过程中，杜蕾斯调整自己，把微博形象定位为“有一点绅士，有一点坏，懂生活又很会玩的人，就像夜店里的翩翩公子”。

这样的人性化、个性化定位，使得杜蕾斯在自媒体运营上，更为灵活，和用户交流时，涉及的话题范围更广；与粉丝互动时，语态更能够轻松、诙谐。同时，杜蕾斯也会紧抓微博的热点，与明星名人即时互动，从而强化了杜蕾斯的个性。

可以说，杜蕾斯不走传统，而是走出了不拘一格的路线。面对粉丝，以小清新、又不失亲切的形象示人，以活泼有趣的内容吸引人。在粉丝眼中，杜蕾斯不只是一个品牌，更像是一个活生生的、有个性的人。这种个性在粉丝心中形成了比较特别的品牌印象。

个人化只是品牌基于人格特质的一个内容，是个性的一种体现。自媒体运营不一定非要以人的形象示人，可以用展现个人特质的方式来经营自己，在内容和行为上体现出自己的个性。

做自媒体，具有差异性、独特性，具有我的风格，也是一种个性

自媒体运营官在内容创作时，可以表现出属于自媒体所特有的内容，以独特的内容和视角，表现自己的态度。如果可以用文字、图片、视频、音乐等多媒体展示自己，输出我的主张和价值。这些内容进入读者的眼睛，作为用户所感觉到的人格化的内容，会进入用户的脑海，构成用户的认知和评价，让品牌的形象得以成形。

用内容培养个性，更可以用行为培养个性

所谓行为，就是自媒体与用户的沟通互动。自媒体运营官在与用户沟通时，选择什么样的方式说话，是亲切的还是严谨的，是热情的还是稳重的；互动时，以什么样的方式进行交流，是积极主动的还是默默引导的；交往时，又是采用怎样的方式，是调皮有趣的，还是成熟自信的。这些行为中的风格，都能够潜移默化的在用户心中形成自媒体的个性。

总之，培养自媒体的个性，就是用个性化的内容展示自媒体的形象，以个性化的行为树立自媒体的风格，进而用这种个性吸引用户，达到在用户心中树立起品牌个性化形象的目的。

6. 写作风格符合网络特点

自媒体运营官要提升自身内容的人气，在内容创作时，就要根据互联网时代下读者群的特点，采用比较受欢迎的写作风格，写作出自媒体鲜明的内容。

网络时代的读者群在进行阅读时，娱乐、个性、价值、新鲜、趣味、体验成为读者的主要关注点。

怎样创作出网络时代读者喜欢的内容，自媒体运营官需要注意以下几点：

第一，让读者感到轻松很重要。

为什么推送精彩新鲜的冷笑话的微博，能够不分年龄、不分职业、不分教育水平、不分名流草根，却获得千万网友的关注和推荐？并不是没有原因的，究其原因是因为它迎合了人们喜欢轻松、想要获得快乐的需求。

因此，自媒体运营官在内容创作时，写作风格一定要轻松愉悦，让读者能够在放松中获得好的阅读体验。

在内容创作上，作者在阐述观点和评论时，要观点精辟，言简意赅。对于理性的内容，虽然要端正严肃，但是一定要让读者能够快速理解，轻松消化。如果创作一些比较轻松的内容，那么文字就要简单易懂，语态可以搞笑诙谐。让读者阅读之后能够感觉到文章背后的人非常亲切随和，不会让人产生距离感。

第二，要向读者展现一种个性。

个性是一种特质，也是一个亮点。在内容创作上，不需要华丽的辞藻，而是要接地气，说人话，接近自己的读者群，融入作者的情怀，同时展现出自己的个性。作者可以在文章中融入自己的性格、趣味、思想、价值观、生活方式等，保持一种新鲜、有趣的个性。当然，个性还要加入审美性，才能保证内容符合读者的审美情趣，不能降低自己的格调，尤其是在做通俗的内容时，要做到不庸俗，不媚俗。

第三，要图文并茂辅助阅读。

有人气的自媒体文章都配有图片。在自媒体内容写作中，文章中有图有文，图文并茂至关重要。用图片辅助文字，用文字表述图片，这样的内容也比较受读者的认可。甚至有的时候，图片的说服力高于文字。因此，自媒体的文章，不要只是以文字为主，一定要充分利用图片的功能，使文章变得图文并茂。当然，内容中加入音频也能够让读者在比较轻松的氛围下阅读自己的文章。

第四，让自媒体内容“萌”起来。

“萌”已经成为让用户喜欢你的一大利器，已经成为一种网络趣味，自媒体运营官也要让你的自媒体内容“萌”起来，让你的文章具有“萌”的属性。在内容创作时，可以选择适合自己的“萌”，加入萌点、萌图、萌的态度。当然，“萌”并不是蠢，也不脑残，也不能为了“萌”而故作姿态，从而失去“萌”的价值。

第五，要体现一定的互动性。

读者喜欢有互动的内容。自媒体进行内容创作时，不要单纯地写一些单向传播的内容，而要让内容体现出一定的互动，用互动性来吸引读者、沟通读者。另外，在保证文章质量和吸引力的前提下，可以增加引起互动的点和内容，引导读者参与其中，或是让读者思考，或是让读者参与讨论，诱导读者去自觉自发地转发。

总之，符合读者口味，轻松阅读，有个性，有内容，能够互动，又具有一定“萌”的属性，这样的写作风格，可以说是能够为自媒体内容带来人气的重要利器。

7. 记着，不能抄袭

自媒体运营，运营的是一种形象，是一种口碑。因而，在内容创作上，切记不能抄袭，要重视原创的价值，用原创树立起自己的个性。

网络平台是一个充满了有价值、有爆点、有卖点的内容市场，这个市场上，内容可以随意转载，随意复制。而这种随意性带来了比较严重的内容抄袭。

内容抄袭是一个非常普遍的现象。各大平台上，抄袭泛滥。微信空间里充斥着抄袭的信息；微博上，很多博主的文章、照片、有趣的段子、有趣的故事一旦发布，很快就在不知不觉中被复制粘贴，为他人所用。有些人会署名原作者，但是更多的人则是直接拿过来，作为自己的内容，用来宣传自己，作为盈利手段，为自己创造商业利益。

如今的读者眼光犀利，对抄袭的容忍度比较低。君不见一些有着高知名度的名人，光环之下是批判，抄袭成为他们如影随形的抹不掉的污点。

自媒体和读者之间的关系非常脆弱。读者喜欢就会进入你的平台，不喜欢就会转身离开。而自媒体做内容如果抄袭他人，想要用他人的文章来照亮自己，为自己提升人气，是一种自杀行为。读者一旦发现你是抄袭，口碑立刻丧失，信任马上崩塌，读者会拉黑你，抛弃你。

自媒体运营，运营的是一个品牌。个人利用自媒体塑造个人的品牌，企业利用自媒体塑造企业的品牌，二者都是用一种比较真实的身份和面目去面对自己的读者。自媒体要获得读者的认同，让他们欣赏自己，肯定自己，信任自己，就必然要保持自媒体内容的纯净，爱惜自己的名声，维护好自己的口碑。

原创的更有价值

自媒体世界，需要的并不是粘贴复制，读者希望看到新颖的、新鲜的内容，原创的文章更容易引起读者的追捧。一些成功的自媒体运营者在运营时充分发挥自己的创意思维和想象力，创作出属于自己的个性化内容，培养出了自己的自媒体最具价值的吸引点，树立起自己独特的个性，博得了读者的眼球，也赢得了读者的心。

原创性内容也容易获得搜索引擎的青睐。有价值的、高质量的原创内容的积累，能够提高权重，获得更多的展示机会。同时，原创性的内容也更容易引发大量的重复转载，提高原创者的曝光度，让更多的人认识自己。这样的价值是转载他人文章所无法提供的。

当然，只要是做自媒体，都会面临一些没有灵感、没有创意、没有内容，无法为读者提供有料、有味的内容的时候。网络上受欢迎的内容非常多，如果发现了一些非常有价值、有意义的文章时，自媒体运营官可以在沟通好原作者，或是清晰署名为转载的前提下，把内容分享到自己的平台上，作为一种信息搬运工，为自己的读者提供内容服务。

JUST DO IT！坚持写下去

自媒体是做内容运营的，自媒体运营官要重视自媒体文章的质量。在进行内容发布上，要有策略性和计划性，在运营中坚持把自媒体对用户的吸引力做出来。

1. 文章贵精不贵多

所谓文章贵在精不在多，是指自媒体运营官要重视文章的质量，创作出高质量的文章，用高质量的精品内容吸引读者。同时，在内容输出时，要把握好文章输出数量的适宜性，保证内容的持续性。

第一，从读者的角度来说，读者需要精品。

读者的阅读时间是有限的，耐性也有限。他们不会把时间花费在一个相同的平台上，即使这个平台非常吸引他们。以逻辑思维来说，每天 60 秒的语音已经很短，但是对于逻辑思维的听众来说，像罗振宇那样死磕的是少数，很多人不会每天去收听一条语音。同样，即使很多自媒体人每天都发布文章，但是这些文章依旧会面临被读者忽视的命运。

同样，文章的数量不需要多，读者要的是精品。你就要想方设法为他们提供精品内容，最大化自己内容的价值。

第二，自媒体运营官要重视自身内容输出的可持续性。

在自媒体运营上，如何为用户持续提供有吸引力、有价值的内容，是自媒体运营者面对的难点。个人自媒体人，只有一个脑袋，没有那么多的内容去分享，如果每天要大量的精品文章输出，会导致自媒体陷入内容枯竭的困境。

企业自媒体内容运营也是一样，从长期来说，企业自媒体内容的吸引力也存在问题。运营官虽然能够用企业的产品资料、行业趋势、企业动态等内容，但是这些都不是吸引读者的内容。自媒体运营官要保证精品内容具有整体性和延续性，这样才能保证自媒体平台的吸引力，稳住用户。

所以，自媒体运营官在做内容运营时，要保证水源不断，保证内容具有持续的吸引力。其实这并不需要创造太多的文章，而是在保证文章质量的前提下，根据自己的情况，输出有价值的内容。

2. 更新频率要控制好

控制更新频率，是指自媒体运营官在面向读者发布新内容、推送新信息时，不要任意而为，要进行一种比较理性的分析和思考，确定适合自己的且符合读者需求的内容更新频率。

第一，选择正确的更新频率，保持稳定的更新。

这需要做到三点：

首先，内容不能长期不更新。

内容长期不更新，在读者眼里，你的自媒体的活跃度就很低，读者会认为你很“懒”，在内容运营上不努力。要保持内容更新，不能让读者打开内容时，没有新的动态，没有他们希望看到的内容。

其次，不需要更新太快。

更新太快，信息量太大，读者跟不上更新的速度，读者也不会阅读你的内容，那么你的内容的价值就没有充分的发挥。当然，更新太快、内容太多的一个弊端，就是会让读者的阅读空间被你的内容占据，在无形中给读者带来不好的阅读体验。

再次，更新不能没有计划性。

在内容更新上，不做计划，三天打渔两天晒网，会让读者摸不着头脑，认为你太过自由随意。

正确的更新频率是，有计划、有安排，勤于更新、定时更新，并保持两次更新之间的时间维持基本不变。

第二，要选择适合自己的更新频率。

自媒体做的内容不同，所处的行业不同，与用户的互动不同，更新的频率也有着差异。自媒体运营官要依据自身自媒体的特点，选择适合的更新频率。

有的自媒体运营的内容涉及娱乐八卦、新闻事件、体育热点，那么就必须每天更新大量的内容来保持自媒体内容的新颖性和时效性。反之，如果内容是在说科技、教育等对时效性要求不高的内容，在更新时，不需要严格要求时效性，而是要确保更新频率的稳定性。

更新频率是有章可循的。一个简单的方法是参考业界运营得比较好的自媒体的更新频率。个人自媒体人在运营微信时，一般是一天更新 1~3 篇文章；在运营博客内容上，可能是一周 3~4 篇文章。企业运营微信在内容更新上，一般是在一天的特定时间段，发布 1~3 篇文章；运营微博时，内容的更新频率比较快，可能是每天 2~5 条内容，有的则是根据情况适量增加。

自媒体运营官可以结合自身特点，考虑自己想要达到的影响效果，有计划、有目的地对自媒体内容的更新频率作出调整。

在决定更新频率上，最重要的是以读者为中心，考虑到读者的接受度。

自媒体运营官要重视从读者的浏览习惯反查自己的更新频率是否符合读者的需要，读者是否易于接受，是否认可，从而确定一个合适的更新频率。进而做到在更新频率上，为读者提供更好的内容体验。

3. 固定时间发布，培养粉丝习惯

什么是固定时间发布？就是自媒体运营官在发布内容时，为粉丝设定一个清晰记在心里的时间，让粉丝能够把自媒体与特定的时间联系起来，培养自媒体与粉丝之间的无形联系。

以逻辑思维为例，逻辑思维是每天早晨 6 点 30 分前发布语音，时间控制在 6 点 24 分到 6 点 30 分之间。这样一个时间点培养出的是粉丝对逻辑思维在时间上的一个认知习惯。如果打开微信是 6 点，粉丝会想，30 分钟后，他们一定会收到逻辑思维的语音。如果打开微信是 7 点，粉丝知道，他们的微信里已经有一条新的语音。粉丝对自媒体的这种确信，源自于罗振宇的死磕，坚持固定时间发布语音，为粉丝培养出的习惯。

很多自媒体人每天都会在固定的时间、区域内发布一篇文章到微信上，他们的粉丝每天都能够阅读到来自这些自媒体人的文章，长久下来，粉丝会下意识地点开自媒体人的订阅号，阅读他们发布的内容。而一旦哪一天没有收到，他们也会主动关心自媒体人没有发布内容的原因。可以说，这是自媒体人对粉丝造成的无形的影响力。

固定时间发布内容，培养出粉丝的习惯，就是创造一条无形的丝线捆绑住粉丝和自媒体，让粉丝记住自媒体，自觉自愿地坚持关注他们喜欢的自媒体。从这个角度来说，就是习惯把用户稳住在自己的平台上。

然而，固定时间发布内容，考验着自媒体运营官的耐力和毅力。这是一个短期执行没有难度，长期运作却难以坚持的工作。很多企业运营自媒体时，虽然有专人进行维护，执行每天更新信息的工作，但是他们在发布内容时，却没有一个精确的时间点，今天可能是 10 点半，明天可能是下午 4 点，后天可能是凌晨 3 点，虽然保持了更新，但是时间上却不稳定，信息不定时出现，让粉丝很凌乱。

当然，固定一个时间点虽然重要，固定于一个什么样的时间点也是一个需要思考的问题。自媒体运营官可以分析一下粉丝群的阅读习惯，根据需要设定一个恰当的时间。如果用户在清晨、工作期间，时间被占用，他们没有时间去阅读自媒体的内容。较普遍的情况是，自媒体管理人员在自己的上班期间规划发布时间，选择上午 9 点到 11 点这个区间发布信息，下午则是 5 点 6 点左右发布信息。

从众的一个弊端是，你的时间和他人的时间重合，各方的自媒体内容会一起涌入用户的视线，拥堵中，必定有些内容会被排挤出去，被用户无视。为了让自己的内容成功被用户接收，自媒体运营官可以另辟蹊径，错开高峰期，探索出一个有效的时间，为自己占据一个有利的位置。杜蕾斯常常会在粉丝临睡前的 21 点到 23 点这个时间段发布一条内容，充分利用夜晚的空闲时间，内容又切合了粉丝的心理需求，非常巧妙。而这样的细节安排，折射出的是杜蕾斯所特有的运营智慧。

4. 保持学习，然后转化，再输出

这是一个知识更新快捷的时代，已经吸收的知识在几年间就会老化。如果不能保持知识的年轻化，就很容易被边缘化。人们想要保持自己知识的生命力和新鲜度，就要不断给自己输入新鲜的知识血液，让知识保持循环，不断活跃起来。

自媒体运营官是在做内容运营，需要长期不断地进行大量的脑力输出，这要求自媒体运营官必须有一定的知识储备，且知识的续航能力很强，能够不断地充实自己。

很多自媒体运营官做视频、做电视剧，在第一季和第二季的时候，都能够保持一定的趣味性，然而到了第三季，就已经有些乏力，内容也变得无趣。这是因为，运营官被旧有的思维局限，没能有效地输入新内容。

个人自媒体人已有的知识储备是有限的，每天都写，总会有没有灵感、找不到内容、找不到好题材的时候，那么自媒体运营官怎么办？这就需要不断学习扩充知识，并把学习的内容进行有效的转化，然后输出。

每天不间断地获取新知识，长期积累下来，就能汇聚成潺潺的小溪，日复一日，注入思想的大河。自媒体人不断学习，他们所吸收的知识，能够让他们看得更远，站得更高，思维也会更活跃。自媒体人把视野放宽，会更具有洞察力，如此也能够为读者提供更具有价值、更难得的内容。

学习是有目的、有计划性，自媒体人不需要关注太过全面、太多的方向。只要明确一个短期的方向和目标，确定自己关注的边界范围，或是书籍、期刊、杂志等印刷内容，或是互联网知识，如专家名人的博客和微博等，然后对这些内容进行评估，去其糟粕，取其精华。

学习是重要的，而转化更关键。如果只是饱览群书，而不能把内容转化成为我所有，成为能够被我充分利用的东西，那么这种学习的效果就很差。自媒体人需要建立起自己的知识库，把内容归纳整合，融入自己的思考和理解，形成我的观察，成为我的一部分。把转化出来的东西，变成我的武器，让思想更深刻。同时，还可以与各行各业不同的有识之士进行交流，让知识更活跃，更具有流动性。

学习、转化后就是输出了。自媒体运营官需要定期把自己的想法、学到的东西化为文字，和读者进行分享。在分享的过程中，与读者交流，能够把问题看得更加透彻和深入。思维进一步打开，进一步形成自己所特有的个性，在这样的过程中，自己的内容的影响力也会增加。

学习、转化和输出的过程，需要自媒体人能够持之以恒。自媒体做内容只有坚持做下去，才能不俗气。同时，兴趣能够让人把工作做得更好。自媒体人如果能够保持快乐的心态，找到自媒体内容运营的乐趣，把一件长期的工作放大为个人的快乐来源的一部分，相信，自媒体内容会做得更好。